Cymru a'r Byd

Yr Ail Ryfel Byd yng Nghymru

Gareth Holt a Sandra Elson

caa
PRIFYSGOL
ABERYSTWYTH

© Prifysgol Aberystwyth, 2012 ⓗ

Cyhoeddwyd gan CAA, Prifysgol Aberystwyth, Plas Gogerddan, Aberystwyth, Ceredigion, SY23 3EB
(www.aber.ac.uk/caa/)
Noddwyd gan Lywodraeth Cymru

ISBN: 978-1-84521-408-1

Mae hawlfraint ar y deunyddiau hyn ac ni chaniateir eu hatgynhyrchu
na'u cyhoeddi heb ganiatâd deiliad yr hawlfraint.

Cyfieithu: Nia Peris
Golygu: Lynwen Rees Jones
Dylunio: Richard Huw Pritchard
Ymchwil ffynonellau a chlirio hawlfraint: Gwenda Lloyd Wallace
Argraffu: Argraffwyr Cambria

Cedwir pob hawl.

Cydnabyddiaethau
Hoffai'r cyhoeddwr ddiolch i'r canlynol am ganiatád i atgynhyrchu deunyddiau yn y cyhoeddiad hwn:

Trwy ganiatâd Llyfrgell Genedlaethol Cymru: t. 1(t) a 67(t) (GCC00932); 1(g) a 46(d) (GCC00884); 3(c) (GCC90002); 69(t); 70(t) (GCC09115);

akg-images/ullstein bild: t. 3(t);

Yr Archifdy Gwladol: t. 3(g), 4, 38 (cyf. INF 13/144 (21)), 39 (cyf. INF 13/144 (18)), 57 (cyf. INF3/400), 65(g) (cyf. INF13/140 (19)), 75(c)

© Succession Picasso/DACS, Llundain 2012/Topfoto: t. 7(c)

Gwasanaeth Llyfrgell a Gwybodaeth Sir y Fflint: t. 7(g) (Tâp 179), 37(t) (Tâp 179), 64(t) (PPD 34/98), 67(g) (Tâp 179)

Cyngor Bwrdeistref Sirol Rhondda Cynon Taf/David Maddox o *The Experience of the Depression in Wales*, Steve Baston a David Maddox, Cyngor Sir Morgannwg Ganol, 1991, Uned 20: t. 8(t,ch)

Adran Addysg Dinas a Sir Abertawe o *It'll all be over by Christmas*, Carolyn Davies, 1991, ISBN: 095137382X, tud. 5/Jill Hutchings: t. 8(t,d)

Atgynhyrchwyd gyda chaniatâd caredig y Wrexham Leader: t. 8(c), 28

Penguin Group (UK) o *Hanes Cymru*, John Davies, Penguin Books, 2007, t. 546, 545, 550. Hawlfraint © John Davies, 1990: t. 8(g), 51(E), 58, 71(t,ch)

Media Wales Cyf./Trwy ganiatâd Llyfrgell Genedlaethol Cymru: t. 10, 41(t), 45(c), 80(t)

Gwasg Gomer Cyf.: t. 11

The Photolibrary Wales: t. 12(g)

Topfoto: t. 13(g), 16, 17, 55, 76(t)

Gyda diolch i'r Gwarchodwyr Cymreig: t. 19(c)

Trwy garedigrwydd Ymddiriedolwyr Amgueddfa'r Ffiwsilwyr Brenhinol Cymreig: t. 20(C), 21(Dd ac E)

Amgueddfa Gatrodol y Cymry Brenhinol, Aberhonddu: t. 20(Ch a D), 21(F)

Patti Flynn: t. 22(t a c)

Canolfan Hanes a Chelf Butetown: t. 22(g)

Trwy ganiatâd caredig Daniel Huws: t. 27

Gwasanaeth Archifau Conwy: t. 29(t) (X|M/4016/241), 56(t,ch) (CP/2224/19/26/14)

Archifdy Gwent: t. 29(g) (CE.A.78.37), 43(g) (MISC.MSS.1626)

Ian Sanders: t. 30(t,d)

Council for British Archaeology: t. 30(c)

The History Press, *Dad's Army: the Home Guard, 1940-1944*, David Carroll, 2009: t. 31(c,ch)

Trwy ganiatâd Gwasg Prifysgol Rhydychen, *English History*, 1914-1945 (Oxford History of England), A.J.P.

Taylor, 2001/Llyfrgell Genedlaethol Cymru: t. 31(c,d a g)

Atgynhyrchwyd gyda chaniatâd Curtis Brown Ltd., Llundain ar ran Ystad Winston Churchill. Hawlfraint © Winston S. Churchill: t. 32(ch), 75(g)

Paul's Caricatures, www.giggleface.co.uk: t. 32(d), 35(g)

Gwefan BBC History ar www.bbc.co.uk/history: t. 33(t), 40(g), 60(t a g), 62, 64(g), 65(t), 69(c a g)

Amgueddfa Pontypridd: t. 33(c) a 35(t) (N.1993.158), 56(g,d) (N.1996.40), 63 (N.1996.29)

Archifdy Sir Penfro (rhan o Gyngor Sir Penfro) ac ystad y diweddar Dr G. Noott: t. 33(g)

Archifdy Sir Ddinbych: t. 36(g) (PPD/63/217), 56(t,d) (PPD/90/260), 60(c) (DD/GL/166)

Atgynhyrchwyd gyda chaniatâd ymddiriedolwyr Canolfan Projectau Cymuned (Cwmbrân) Cyf.: t. 37(g)

South Wales Evening Post: t. 41(g), 50(g)

Amgueddfa Powysland: t. 44(t,ch)

Amgueddfa Heddlu De Cymru, Pen-y-bont ar Ogwr/Culturenet Cymru: t. 44(t,d), 49(t)

Media Wales Cyf.: t. 44(g), 78

Trwy garedigrwydd Gwasanaeth Llyfrgell Cyngor Caerdydd: t. 46(a)

Atynhyrchwyd gyda chaniatâd Punch Ltd., www.punch.co.uk: t. 46(b)

South Wales Evening Post/Gwasanaeth Archifau Gorllewin Morgannwg: t. 46(c) (P/PR/95/4/28a), 48 (P/PR/95/4/16), 50(t) (P/PR/95/4/2a), 51(t) (P/PR/95)

© English Heritage Photo Library: t. 46(ch)

Dinas a Sir Abertawe: Casgliad Amgueddfeydd Abertawe: t. 49(g)

NRM / Science & Society Picture Library: t. 56(g,ch)

© Amgueddfa Genedlaethol Cymru: t. 59

Pat a Peter Trepte: t. 61

Dr Martin Parsons a Dr Penny Starns, *The Evacuation: The True Story*, 1999: t. 68(t), 70(g)

Penguin Group (UK)/Atgynhyrchwyd gyda chaniatâd Curtis Brown Group Ltd., Llundain ar ran Nina Bawden. Hawlfraint © Nina Bawden, 1973 o *Carrie's War*, Nina Bawden, 2000: t. 68(g)

Dunmow & District Historical & Literary Society, *The War Years, 1939-1945*: t. 70(c)

Urdd Gobaith Cymru: t. 71(t,d)

Ymddiriedolaeth Gwarchod Castell Gwrych: t. 72

Dr Mark Roodhouse: t. 76(C).

Hawlfraint Guardian News & Media Ltd. 2007: t. 76(Ch)

Daily Mail: t. 76(D)

Contemporary Britain 1914-1979, Robert Pearce, Pearson Education Limited, © Addison Wesley Longman Limited 1996: t. 77(Dd)

Atgynhyrchwyd gyda chaniatâd Curtis Brown Group Ltd., Llundain ar ran Ymddiriedolwyr y Mass Observation Archive. Hawlfraint © Ymddiriedolwyr y Mass Observation Archive: t. 77(E)

James Heartfield: t. 77(F)

Amgueddfa Sir Faesyfed: t. 79(t)

Amgueddfa Llanidloes: t. 79(g)

Cymdeithas Hanes Teulu Ystradgynlais: t. 80(g), 81

Hoffai'r cyhoeddwr ddiolch hefyd i Robin Evans ac Alun Morgan am eu harweiniad gwerthfawr ac i Ysgol Friars, Bangor, Ysgol Gyfun Gatholig St.John Lloyd, Llanelli ac Ysgol Uwchradd Caereinion, Llanfair Caereinion, am gymryd rhan yn y broses dreialu.

Hoffai'r awduron ddiolch i nifer o bobl am eu cyfraniad wrth gyhoeddi'r llyfr hwn, yn enwedig Alun Morgan a Paul Thomas am syniadau creadigol, a neiniau Ffion ac Abigael am greu lle.

Hefyd ar gael y mae *Wales and the World: The Second World War in Wales*, sef fersiwn Saesneg o'r cyhoeddiad hwn.

Cynnwys

Canllawiau i athrawon

Cyflwyniad   Cymru a'r Ail Ryfel Byd   1

Pennod 1   Sut wnaeth pobl yng Nghymru ymateb i gychwyn y rhyfel?   7

Pennod 2   Pa brofiadau a gafodd milwyr o Gymru yn ystod yr Ail Ryfel Byd?   19

Pennod 3   Sut newidiodd yr Ail Ryfel Byd fywyd yng Nghymru?   25

         Y Gwarchodlu Cartref   31
         Dogni   36
         Bomio   43
         Menywod a gwaith   56
         Newydd-ddyfodiaid   58

Pennod 4   A oedd wir Ysbryd y Blitz yn ystod y rhyfel?   75

Pennod 5   Canlyniadau'r Ail Ryfel Byd   83

Canllawiau i athrawon

Mae'r llyfr hwn yn galluogi disgyblion i ddysgu sut y gwnaeth yr Ail Ryfel Byd newid bywyd yng Nghymru, Prydain a gweddill y byd, ac yn rhoi cyfle iddynt ar yr un pryd i ddatblygu eu sgiliau hanesyddol a'u sgiliau allweddol yn unol â gofynion Cwricwlwm 2008.

Mae'r llyfr yn cynnwys amrywiaeth o dasgau dysgu gweledol, llafar, ieithyddol, cinesthetig, unigol ac ar y cyd a fydd yn gweddu i bob math o ddysgwr.

- **Gwaith cloch:** deunydd symbylu cychwynnol i ddenu diddordeb y dysgwr trwy gyfrwng tasgau y gallant eu cwblhau ar unwaith, o bosibl wrth aros i weddill y dosbarth gyrraedd neu fel gweithgareddau cychwynnol.

- **Meddwl a Dysgu:** gweithgareddau i annog y dysgwr i weld cysylltiadau ac i ehangu ei allu i feddwl ym maes hanes; gellir cwblhau rhai drwy gyfrwng trafodaeth, tra bod eraill yn caniatáu i'r dysgwr ateb yn fanylach.

- **Heriau Dysgu:** gweithgareddau sy'n datblygu sgiliau hanesyddol, sgiliau allweddol a sgiliau meddwl, e.e. ymchwil, gwaith grŵp, cyflwyno, ysgrifennu estynedig ac ati. Ceir awgrymiadau a chyfarwyddiadau i helpu disgyblion o bob gallu i'w cyflawni. Mae canlyniadau'r disgyblion i'r tasgau hyn yn ddefnyddiol wrth asesu cyflawniad y dysgwr.

- **Ehangu eich Syniadau:** tasgau ymestyn/trafod/gwaith cartref y gall disgyblion o bob gallu fynd i'r afael â nhw. Mae rhai yn cynnig cyfleoedd i ymchwilio'n annibynnol er mwyn galluogi'r dysgwr i gyrraedd y lefelau uwch yn y Cwricwlwm Cenedlaethol.

- **Adolygu a Myfyrio:** gweithgareddau byr i grynhoi a datblygu sgiliau meddwl ar ddiwedd pob pennod. Mae gwaith ymchwil yn dangos y bydd yr ymennydd yn anghofio'r rhan fwyaf o wybodaeth newydd os nad yw'n cael ei chrynhoi. Mae'r gweithgareddau hyn hefyd yn rhoi atebion penodol i'r cwestiynau allweddol a ofynnir ym mhenawdau'r penodau ac yn gwneud y gwaith dysgu yn glir i'r disgyblion.

Mae'r prif sgìl hanesyddol yr ymdrinnir ag ef ym mhob adran yn cael ei nodi ar ymyl y dudalen, a defnyddir symbolau sgiliau allweddol y cwricwlwm cenedlaethol drwy gydol y llyfr. I gynorthwyo gwaith cynllunio'r adran a gwneud y gwaith dysgu yn glir i'r disgyblion, ychwanegwyd sgiliau trefnu a chyfathrebu at yr heriau dysgu. Mae'r llyfr hefyd yn ceisio mynd i'r afael ag 'arwyddocâd mewn hanes' drwyddo draw – pwnc sy'n aml yn mynd yn angof.

CYFLWYNIAD

Cymru a'r Ail Ryfel Byd

C CWESTIWN ALLWEDDOL

Pam cofio'r Ail Ryfel Byd?

Yn ystod eich cyfnod yn yr ysgol, dim ond rhan fechan o'r gorffennol y gallwch ei astudio. Ystyrir bod rhai digwyddiadau ac unigolion yn bwysicach, neu'n fwy arwyddocaol, nag eraill. Gall y gair CADAN ein cynorthwyo i ganfod pa mor arwyddocaol yw digwyddiad hanesyddol:

- **C**ofiadwy – a gofiwyd am y digwyddiad wedi hynny?
- **A**tseiniol – a yw pobl yn ei ddefnyddio er mwyn cymharu a chyfatebu?
- **D**adlennol – a yw'n egluro agweddau ar fywyd ar y pryd?
- **A**rwain at newid – a fu ganddo ganlyniadau ar gyfer y dyfodol?
- **N**odedig – oedd pobl yn sôn amdano ar y pryd?

Roedd yr Ail Ryfel Byd yn ddigwyddiad pwysig yn hanes Cymru, Prydain a'r byd. Mae bron yn bendant y byddwch wedi clywed amdano, ac mae'n bosibl y byddwch eisoes yn gwybod rhywbeth am y rhyfel. Cyn astudio pwnc yn fanwl, mae'n ddefnyddiol darganfod beth rydych chi'n ei wybod eisoes fel y gallwch adeiladu eich gwybodaeth a'ch dealltwriaeth newydd ar sail hynny.

> Beth ydych chi'n ei wybod eisoes am y rhyfel?
>
> Beth hoffech chi ei ddysgu?

Gwybodaeth a Dealltwriaeth Hanesyddol

Gwerthuso arwyddocâd y prif ddigwyddiadau, pobl a newidiadau sy'n cael eu hastudio

▶ **Sut wnaeth y rhyfel effeithio ar fywydau pobl?**

- Symudodd mwy o bobl o amgylch y DG yn ystod yr Ail Ryfel Byd nag ar unrhyw adeg arall. Cafwyd 3,400,000,000 o newidiadau cyfeiriad.
- Cafodd menywod eu consgriptio am y tro cyntaf erioed.
- Cafodd bron i 1 cartref ymhob 3 yn y DG ei ddifrodi gan fomiau.
- Roedd 1 o bob 5 person oedd yn byw yng Nghymru yn 2005 wedi byw drwy'r rhyfel. Yn 2005, bu 12,000 o gyn-filwyr yn coffáu chwe deg mlynedd ers diwedd y rhyfel trwy ddychwelyd i'r mannau lle buon nhw'n gwasanaethu.
- Collodd 20,000 o ddynion a menywod Cymru eu bywydau yn ystod y rhyfel.
- Fe wnaeth yr Ail Ryfel Byd newid pobl a lleoedd yng Nghymru yn sylweddol.

Meddwl a Dysgu

Defnyddiwch eich gwybodaeth eich hun gyda lluniau, gwybodaeth a CADAN i egluro'r canlynol:

- Pam mae'r Ail Ryfel Byd yn cael ei gofio fel Rhyfel y Bobl?
- Pam ddylai plant ysgol ym Mhrydain ddysgu am yr Ail Ryfel Byd?

Ymholiad Hanesyddol

Gofyn ac ateb cwestiynau arwyddocaol

C CWESTIWN ALLWEDDOL

Pam aeth Prydain i ryfel ym mis Medi 1939?

Offer cwestiynu

Mae gofyn cwestiynau yn rhan bwysig iawn o fod yn hanesydd; mae'r geiriau cwestiwn – *Pwy, Beth, Pryd, Pam, Ble* a *Sut* – yn arfau defnyddiol pan fyddwch yn defnyddio tystiolaeth i ddarganfod gwybodaeth. Mae'r cwestiynau isod yn ddefnyddiol ar gyfer yr ymholiad *Pam aeth Prydain i ryfel?*

- Pwy → oedd yn rhyfela yn erbyn ei gilydd?
- Pam → wnaeth y rhyfel gychwyn?
- Pryd → y cafodd rhyfel ei gyhoeddi?
- Ble → fyddai'r ymladd yn digwydd?
- Beth → oedd y llywodraeth yn ei ddisgwyl gan y bobl?
- Sut → wnaeth y Prif Weinidog egluro'r rhyfel wrth y wlad?

Wedi misoedd o ansicrwydd, fe gyhoeddodd Prydain ryfel yn erbyn yr Almaen am 11 o'r gloch y bore ar 3 Medi 1939. Byddai'r rhyfel yn cael effaith fawr ar Gymru.

Ffynhonnell A

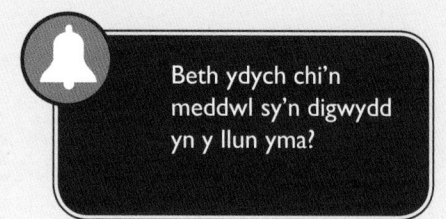

Beth ydych chi'n meddwl sy'n digwydd yn y llun yma?

Medi 1938

Ffynhonnell B

Parlwr nodweddiadol o adeg y rhyfel gyda set radio yn y gornel

Bymtheg munud wedi cyhoeddi rhyfel yn erbyn yr Almaen, bu'r Prif Weinidog, Neville Chamberlain, yn siarad gyda'r genedl ar y radio am ymateb Prydain i Hitler.

Ffynhonnell C

'Rwy'n siarad gyda chi o ystafell y cabinet yn rhif 10 Stryd Downing. Y bore yma, rhoddodd Llysgennad Prydain yn Berlin nodyn terfynol i Lywodraeth yr Almaen yn datgan, oni bai ein bod yn clywed ganddyn nhw erbyn 11 o'r gloch y bore eu bod yn barod i dynnu eu milwyr o Wlad Pwyl ar unwaith, y byddai rhyfel yn bodoli rhyngom. Mae'n rhaid imi ddweud wrthych na chafwyd addewid o'r fath ac felly, o ganlyniad, bod y wlad hon mewn rhyfel yn erbyn yr Almaen.'

Ffynhonnell Ch

'i. 'Gallwch ddychmygu bod methiant fy ymdrech i sicrhau heddwch yn ergyd chwerw imi … Nid dyna beth a fynnai Hitler. Roedd wedi rhoi ei fryd ar ymosod ar Wlad Pwyl. Does dim gobaith … y bydd y dyn hwn byth yn rhoi'r gorau i ddefnyddio grym … Dim ond drwy ddefnyddio grym y gellir ei rwystro … Ni ellir goddef mwyach y sefyllfa lle na all unrhyw bobl na'r un wlad deimlo'n ddiogel.

Heddiw rydyn ni a Ffrainc yn mynd i gynorthwyo Gwlad Pwyl, sy'n gwrthsefyll yn ddewr yr ymosodiad creulon direswm ar ei phobl.

ii. Mae'r sicrwydd o gefnogaeth a gafwyd gan yr ymerodraeth yn galondid inni. Mae'r llywodraeth wedi paratoi cynlluniau i gyflawni gwaith y genedl yn ystod y dyddiau o straen sydd o'n blaenau. Ond mae'r cynlluniau yma'n gofyn am eich cymorth chi … gwn y byddwch yn chwarae eich rhan yn ddigynnwrf ac yn ddewr.

iii. Mae'n bosibl y byddwch yn cymryd rhan yn y gwasanaethau ymladd neu fel gwirfoddolwr amddiffyn sifil … Mae'n bosibl y byddwch yn gwneud gwaith sy'n hanfodol i'r rhyfel … mewn ffatrïoedd, mewn trafnidiaeth, mewn cyfleustodau cyhoeddus neu wrth gyflenwi hanfodion eraill bywyd. Os felly, mae'n holl bwysig eich bod yn parhau â'ch swyddi.

Boed i Dduw fendithio pob un ohonoch. Boed iddo amddiffyn y cyfiawn. Pethau drwg y byddwn yn ymladd yn eu herbyn … ac yr wyf yn sicr y bydd y gwirionedd yn drech na hwy.'

Her Ddysgu

Dyfyniadau o araith Chamberlain yw Ffynonellau C ac Ch. Eich tasg yw darganfod yr atebion i'r cwestiynau yn yr offer cwestiynu o'r dyfyniadau hyn.

Defnyddiwch araith Chamberlain i ysgrifennu erthygl i fynd ar dudalen flaen papur newydd yng Nghymru ar 4 Medi 1939.

Mae newyddiadurwyr yn gwneud nodiadau wrth wrando ar areithiau. Copïwch y diagram pry cop hwn i helpu gyda'ch nodiadau:

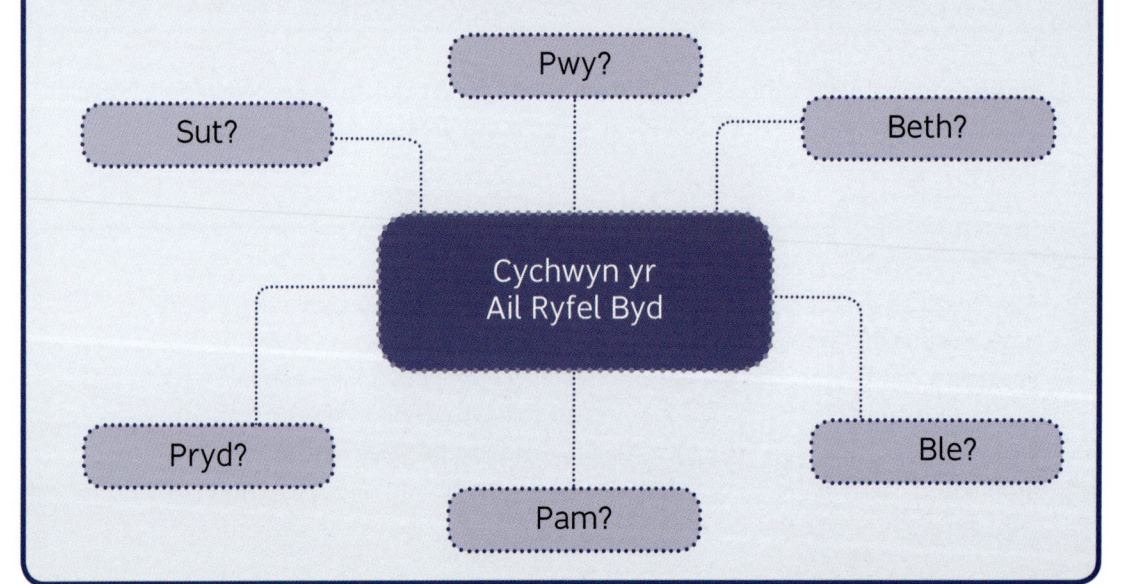

- Pwy?
- Beth?
- Sut?
- Pryd?
- Pam?
- Ble?

Cychwyn yr Ail Ryfel Byd

Ymchwil

1. Darllenwch drwy Ffynhonnell C, paragraff cyntaf yr araith, fel dosbarth (neu gwrandewch ar fersiwn sain wedi'i lawrlwytho). Penderfynwch gyda'ch gilydd a yw'n ateb unrhyw rai o'r cwestiynau. Os penderfynwch ei fod, nodwch yr atebion ar eich diagram pry cop neu fap meddwl.

2. Mewn parau dewiswch ran i, ii neu iii o Ffynhonnell Ch. Darllenwch y paragraffau yn ofalus a gwnewch nodiadau gan ddefnyddio'r cwestiynau i'ch arwain.

3. Nawr dewch ynghyd gyda phâr a edrychodd ar ran wahanol. Pa atebion sydd ganddyn nhw? Ychwanegwch y rhain at eich siart.

4. Newidiwch eto gyda phâr olaf fel eich bod wedi cwmpasu'r dyfyniad cyfan. Pa atebion sydd ganddyn nhw? Ychwanegwch y rhain at eich siart.

5. Oes gennych chi'r holl atebion eto? Darllenwch drwy'r araith gyfan – allwch chi ychwanegu unrhyw beth arall at eich nodiadau

Canlyniad: Eich Erthygl

- Mae angen i'ch erthygl roi gwybodaeth i'r cyhoedd ac egluro beth sy'n digwydd.
- Mae'n rhaid iddi ddenu a chynnal eu diddordeb.
- Mae'n rhaid iddi ddilyn trefn resymegol a bod wedi'i hysgrifennu'n dda.
- Gallwch ddewis tair brawddeg o'r araith i'w dyfynnu i'ch darllenwyr. Pa dair fyddech chi'n eu dewis a pham?

Ehangu Eich Syniadau

Pa gwestiynau nad yw'r erthygl yma yn eu hateb yn llawn, yn eich barn chi?

Sut ac ymhle gallech chi ddod o hyd i ragor o fanylion?

Pa mor ddefnyddiol yw'r araith yma i'ch helpu i ymchwilio i'r cwestiwn *Pam aeth Prydain i ryfel ym mis Medi 1939?*

Beth mae'r gair 'rhyfel' yn ei olygu i chi?

Beth ydych chi'n ei ddeall wrth ddarllen y gair 'rhyfel'? Rhowch gynnig ar yr her un funud isod i roi trefn ar eich meddyliau.

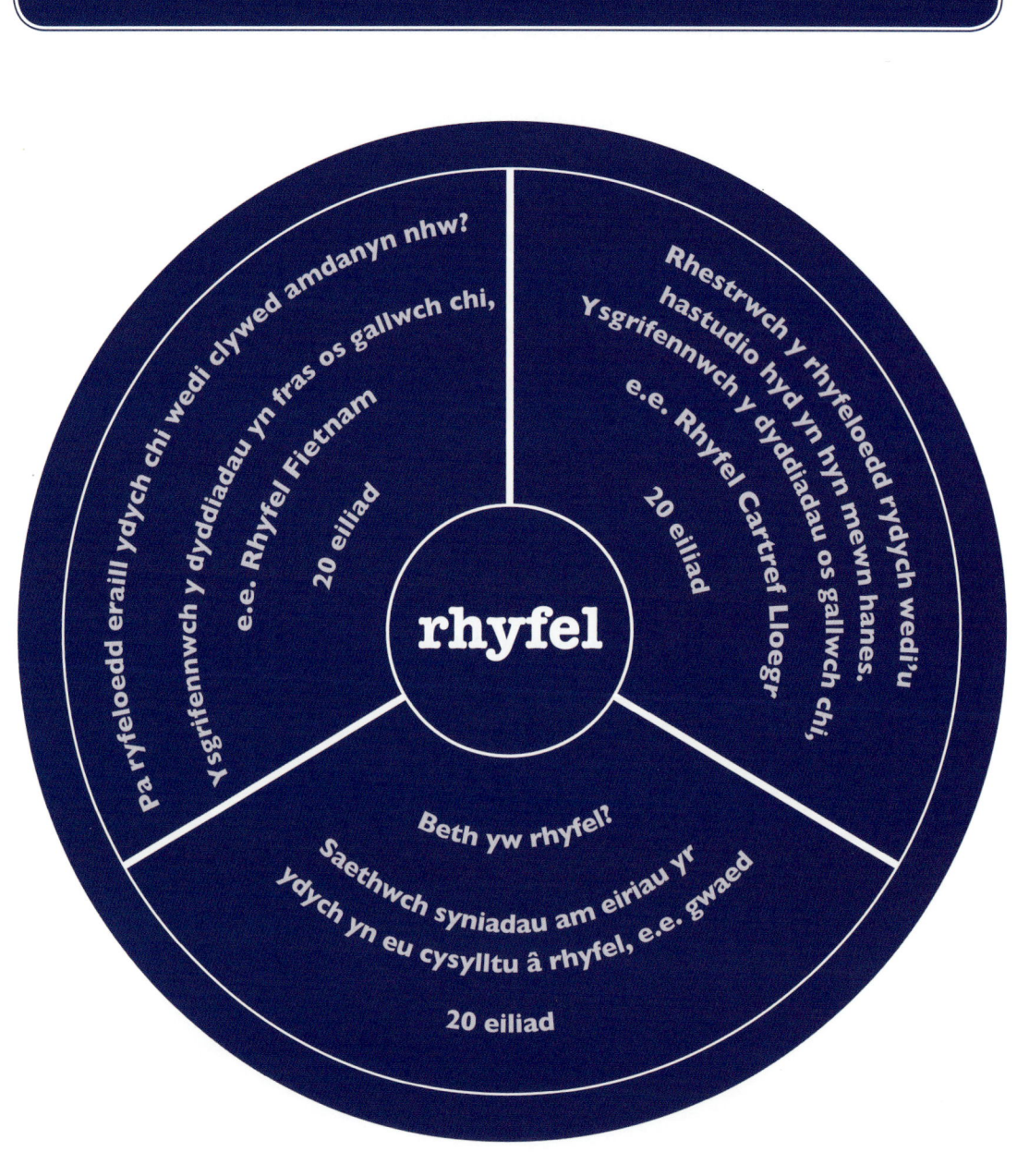

rhyfel

Pa ryfeloedd eraill ydych chi wedi clywed amdanyn nhw? Ysgrifennwch y dyddiadau yn fras os gallwch chi, e.e. Rhyfel Fietnam
20 eiliad

Rhestrwch y rhyfeloedd rydych wedi'u hastudio hyd yn hyn mewn hanes. Ysgrifennwch y dyddiadau os gallwch chi, e.e. Rhyfel Cartref Lloegr
20 eiliad

Beth yw rhyfel? Saethwch syniadau am eiriau yr ydych yn eu cysylltu â rhyfel, e.e. gwaed
20 eiliad

Sut ydych chi'n meddwl y byddech yn ymateb i gyhoeddiad fel un Chamberlain fod rhyfel anferth newydd gychwyn? Ysgrifennwch eich teimladau. Cymharwch eich ymatebion â rhai gweddill y dosbarth. Fyddai pawb yn teimlo'r un fath?

PENNOD 1

Sut wnaeth pobl yng Nghymru ymateb i gychwyn y rhyfel?

▶ Pa ddisgwyliadau oedd gan y bobl o'r rhyfel?

Drwy gyfrwng y sinema, radio a phapurau newydd roedd pobl yn 1939 yn ymwybodol o'r difrod yr oedd Luftwaffe (llu awyr) yr Almaen wedi'i achosi yn Rhyfel Cartref Sbaen. Roedden nhw'n sylweddoli y byddai'r Ail Ryfel Byd yn wahanol i unrhyw ryfel a fu o'r blaen.

Guernica, Picasso, 1937

Ymholiad Hanesyddol

Dewis, crynhoi a gwerthuso gwybodaeth o ffynonellau yn gywir i gyrraedd casgliad rhesymegol

Astudiwch y llun am 30 eiliad, yna cuddiwch ef a cheisiwch gofio beth oedd ynddo.

C CWESTIWN ALLWEDDOL

Sut wnaeth pobl yng Nghymru ymateb i gychwyn y rhyfel?

Archwiliwch y ffynonellau canlynol i ddarganfod ymateb pobl ar draws Cymru i gychwyn y rhyfel. Ystyriwch pam roedd pobl yn teimlo fel hyn.

Ffynhonnell A

> Ac fe aethom ar ras ar hyd y stryd, o'r orsaf, yn sefyll ger hen Neuadd y Dref, a bron na allech chi glywed pin yn cwympo pan … gyhoeddodd ei fod yn aros am ryw ohebiaeth, o'r Almaen, nad oedd wedi cyrraedd eto ac felly byddai'n rhaid inni ymbaratoi, ein bod ni bellach mewn rhyfel.
>
> Rwy'n gallu cofio meddwl, pa mor ofnadwy ydoedd. Roedden ni wedi cael … deuddeg mis … o sïon a dyma oedd penllanw'r sïon hynny. Ac eto, wrth edrych o amglych y sgwâr, i mi, dim ond bore o fis Medi oedd hi, a bore Sul hefyd. Roedd yr haul yn tywynnu. Roedd yr adar yn hedfan o gwmpas … Beth mae'n ei olygu? Ydyn ni'n mynd i gael ein bomio heno? Dychmygwch, yn bymtheg oed, mae eich ymatebion yn hynod o ddramatig. Roedd pobl oedrannus yn llefain, yn cofio'r Rhyfel diwethaf o bosibl, y Rhyfel Mawr, ac fe ddaethon ni ynghyd fel grŵp.

Mrs Merton – Atgofion fel merch yn ei harddegau yn ystod yr Ail Ryfel Byd

Ffynhonnell B

" Pan ddechreuodd yr Ail Ryfel Byd, dywedodd y dyn glo fod y cymoedd wedi dod yn fyw. Roedd rhyfel yn golygu swyddi, roedd pawb yno wrth eu boddau oherwydd bydden nhw'n cael eu harian yn rheolaidd. "

Mrs Catherine Reason, Caerdydd

Ffynhonnell C

" Roedd fy nau frawd a minnau yn canu yng nghôr yr eglwys ac roeddem ar ein ffordd adref o'r eglwys pan wnaeth menyw oedrannus oedd yn mynd â'i chi am dro ein cynghori i frysio adref gan fod 'y Rhyfel ar fin cychwyn'. Fe rasiodd y tri ohonom adref yn llawn cyffro, pob un ohonom am fod y cyntaf i dorri'r newydd. Roedd fy rhieni yn gwybod eisoes, wrth gwrs; roedd fy mam yn edrych yn drist, ac yn nes ymlaen y diwrnod hwnnw fe welais i hi'n crio am y tro cyntaf yn fy mywyd. "

John Hutchings

Ffynhonnell Ch

Roedd cartwnau a hysbysebion mewn papurau newydd yn aml yn gwneud hwyl am ben digwyddiadau'r byd. Yr enw ar hyn ydy dychan.

Hysbyseb o'r Wrexham Leader, *Tachwedd 1939*

Ffynhonnell D

" Bu gwrthwynebiad gwleidyddol o du'r Chwith, felly, yn llai grymus o lawer yn yr Ail Ryfel na'r Cyntaf. Ond yn yr Ail Ryfel, cafwyd gwrthwynebiad gwleidyddol o fath cwbl newydd. Oddi wrth y Blaid Genedlaethol y daeth hwnnw. Gwrthdrawiad rhwng dau gasgliad o Alluoedd Mawrion oedd y rhyfel ym marn y blaid honno, a dadleuodd ei harweinwyr fod gan y Cymry, fel yr oedd gan eraill o genhedloedd bychain Ewrop, y dewis i beidio â bod â rhan ynddo. "

Dyfyniad o *Hanes Cymru* gan John Davies

Meddwl a Dysgu

1. Pa eiriau fyddech chi'n eu defnyddio i esbonio'r ymatebion yn y Ffynonellau hyn? (Meddyliwch am eiriau fel cyffrous, gochelgar, anystyriol, dryslyd, gofidus, di-hid, wedi difyrru, ofnus, anghrediniaeth.)

Ffynhonnell	Ymateb	Dewisais y gair yma oherwydd…
A		
B		
C		
Ch		
D		

2. Esboniwch mor llawn â phosibl pam y cafwyd ymatebion gwahanol i gychwyn y rhyfel.

▶ Pa anawsterau oedd gwrthwynebwyr cydwybodol yn eu hwynebu?

Roedd mudiad heddychol (heddwch) cryf yng Nghymru yn 1939 ac roedd llawer o bobl yn gwrthwynebu ymladd ar seiliau crefyddol.

Yn Ffynhonnell D roedd Plaid Cymru yn cwestiynu hawl y Senedd – oedd wedi'i lleoli yn Lloegr – i orfodi pobl Cymru i ymuno â'r lluoedd arfog. Roedd rhai Cymry am i Gymru gael yr hawl i benderfynu drosti ei hun a oedd am ymuno â'r rhyfel ai peidio. Gwrthododd tua 20 o ddynion ymladd ar y seiliau hyn ond ni roddwyd statws gwrthwynebydd cydwybodol (GC) iddyn nhw, oedd yn golygu y gallent gael eu carcharu neu eu dedfrydu i farwolaeth am wrthod ymladd.

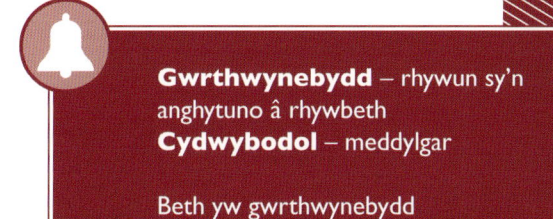

Roedd hi'n anodd iawn cael eich cofrestru'n swyddogol fel gwrthwynebydd cydwybodol; roedd tribiwnlys yn penderfynu a fyddech yn cael eich cofrestru fel GC. Llwyddodd cyfanswm o 2,920 o ddynion i gael y statws hwn ond methodd llawer yn rhagor. Ar un achlysur, gwrthododd cadeirydd tribiwnlys ddadl gan heddychwr, gan ddweud, "Nid yw Duw hyd yn oed yn heddychwr, oherwydd mae'n ein lladd ni i gyd yn y diwedd."

Gwrthwynebydd – rhywun sy'n anghytuno â rhywbeth
Cydwybodol – meddylgar

Beth yw gwrthwynebydd cydwybodol?

Ffynhonnell Dd

"Worth Slaying a Thousand to Save a Million"

A new type of applicant came before the South Wales Conscientious Objectors Tribunal in Cardiff on Friday.

He was L. Forward, of Brynteg-avenue, Pontllanfraith, who said he was a confirmed Socialist and was only against the present war because it would not bring a Socialist State any nearer.

"Under certain circumstances," he said, "it would be worth slaying a thousand men to save a million."

Other applicants in court joined in the laughter when he added: "Everybody would agree with that view."

The Chairman (his Honour Judge Frank Davies): I assume you are not a member of the Peace Pledge Union, then.

Forward: Oh, no.

Applicant went on to say that he believed with Hitler that it might be worth sacrificing the blood of a generation to save humanity.

He was removed from the register of objectors unconditionally.

The tribunal heard the application of Ivor C. Rees, Ferndale-terrace, Rhoose, in private.

Misuse of "Murder"

Richard E. Griffiths of Brook-street, Barry, a carpenter employed by the Barry Council, stated that if he served in the war he would be indulging in murder.

"I object most strongly to that expression," the Chairman interposed.

"It is a ridiculous thing to say. If one of our soldiers came back from the war and was accused of killing a German, would you find him guilty of murder?"

"Yes," Griffiths replied, whereupon the Chairman retorted, "Then you should never be allowed to serve on a jury because obviously you cannot make a distinction between a soldier killing an enemy in battle and a man who draws out a pistol in the peaceful streets of Cardiff and deliberately fires at an innocent man."

Mr. J. H. Williams, a member of the tribunal, joined in the protest.

"You and other young men who come here should be more careful in your choice of words. It is a most cruel thing to say our soldiers are murderers because they go to war," he said.

Griffiths: It is a cruel thing to do.

He was exempted on condition that he undertook agricultural or instructional work.

Boxer's Objection

Another applicant, Reginald C. Blackborrow, of Lime-street, Newport, said he was a boxer, swimmer, and Rugby footballer.

The Chairman: I do not know many boxers who are pacifists.

Blackborrow: My objection is that I am not prepared to take part in war so as not to cause unnecessary suffering.

Sir L. Twiston Davies (a member of the tribunal): I have done a little boxing myself, and I am afraid that I knew what it was to bear unnecessary suffering.

Blackborrow: A boxer does not go into the ring with the intention of killing.

"But they are not fighting to Queensberry rules in this war" was the comment of the chairman at a later stage.

Blackborrow's name was removed from the register without qualification.

Soldier's Son

Stanley Woodburn, of Maesglas-

Continued in next column

Western Mail, *Mawrth 1940*

Astudiaeth Achos

Waldo Williams (1904–1971)

Ganed yn Hwlffordd yn sir Benfro. Roedd yn wrthwynebydd cydwybodol i'r Ail Ryfel Byd. Roedd yn cyfleu ei arswyd o ryfel yn ei gerddi – mae ei gerdd *Y Tangnefeddwyr* yn disgrifio '*Abertawe'n fflam*'.

Yn ddiweddarach, yn ystod Rhyfel Korea, gwrthododd dalu ei dreth incwm ar seiliau heddychol. Cafodd ei anfon i garchar yn ystod ei ymgyrchu.

Mae'r gerdd hon wedi'i gosod i gerddoriaeth a'i chanu gan lu o gorau meibion.

Y Tangnefeddwyr

Uwch yr eira, wybren ros,
    Lle mae Abertawe'n fflam.
Cerddaf adref yn y nos,
    Af dan gofio 'nhad a 'mam.
Gwyn eu byd tu hwnt i glyw,
Tangnefeddwyr, plant i Dduw.

Ni châi enllib, ni châi llaid
    Roddi troed o fewn i'w tre.
Chwiliai 'mam am air o blaid
    Pechaduriaid mwya'r lle.
Gwyn eu byd tu hwnt i glyw,
Tangnefeddwyr, plant i Dduw.

Angel y cartrefi tlawd
    Roes i 'nhad y ddeuberl drud:
<u>Cennad dyn yw bod yn frawd,
    Golud Duw yw'r anwel fyd.</u>
Gwyn eu byd tu hwnt i glyw,
Tangnefeddwyr, plant i Dduw.

<u>Cenedl dda a chenedl ddrwg –
    Dysgent hwy mai rhith yw hyn,</u>
Ond goleuni Crist a ddwg
    <u>Ryddid i bob dyn a'i myn.</u>
Gwyn eu byd, daw dydd a'u clyw,
Dangnefeddwyr, plant i Dduw.

Pa beth heno, eu hystâd,
    Heno pan fo'r byd yn fflam?
Mae Gwirionedd gyda 'nhad
    Mae Maddeuant gyda 'mam.
<u>Gwyn ei byd yr oes a'u clyw,</u>
Dangnefeddwyr, plant i Dduw.

> **Meddwl a Dysgu**
>
> 1. Pam y bu i'r llywodraeth ei gwneud hi'n anodd i bobl sicrhau statws gwrthwynebydd cydwybodol?
> 2. Defnyddiwch Ffynhonnell Dd i ddarganfod beth oedd y rhesymau a roddodd y pedwar dyn dros beidio ag ymladd ac a oedden nhw'n llwyddiannus.
>
> | Person | Gwrthwynebiad | Canlyniad | Ydych chi'n cytuno â'r canlyniad? Pam? |
> |---|---|---|---|
> | L. Forward | | | |
> | Ivor Rees | | | |
> | R. E. Griffith | | | |
> | R. Blackborrow | | | |
>
> 3. Darllenwch y gerdd *Y Tangnefeddwyr* gan Waldo Williams. Ar ba seiliau y mae'n gwrthwynebu rhyfel? Defnyddiwch y llinellau sydd wedi'u tanlinellu i'ch helpu i ehangu eich ateb.
> 4. Gan ddefnyddio'r holl ffynonellau a gwybodaeth, ysgrifennwch araith i'w darllen yn y llys naill ai i amddiffyn neu i wrthwynebu ymdrech gan rywun i gael ei gofrestru fel gwrthwynebydd cydwybodol.

Cafodd gwrthwynebwyr cydwybodol eu trin yn ddidrugaredd am beidio ag ymladd, yn enwedig erbyn 1940-41 pan oedd y perygl o oresgyniad yn ymddangos yn debygol. Roedd nifer o ardaloedd yng Nghymru yn gwrthod cyflogi gweithwyr oedd yn anfodlon llofnodi datganiad yn dweud eu bod yn cefnogi'r rhyfel. Nid yn unig y collodd gwrthwynebwyr cydwybodol eu swyddi a'u lletty, ond hefyd roedd eu ffrindiau a'u teuluoedd yn poeri arnynt ac yn eu hanwybyddu; cawson nhw eu curo ac roedden nhw'n dioddef yn gymdeithasol am amser hir wedi diwedd y rhyfel. Wedi iddyn nhw gael statws GC, roedden nhw'n cael eu neilltuo i fathau gwahanol o waith i helpu'r ymdrech ryfel, gyda rhai'n gweithio yn y pyllau glo ac eraill ar ffermydd. Cynhaliwyd arbrofion meddygol annymunol ar un grŵp i ddarganfod iachâd i glefydau megis y clefyd crafu (*scabies*) a hyd yn oed i gael gwared ar lau pen.

Cafodd cofeb ei dadorchuddio yng Nghaerdydd yn 2005 i gofio'r gwrthwynebwyr cydwybodol, eu hachos a'u dioddefaint.

Dyma a ddywed yr arysgrifen ar y gofeb:
Os mai'r hawl i fywyd yw'r hawl ddynol gyntaf, yr un y mae pob hawl arall yn ddibynnol arni, mae'n rhaid mai'r hawl i wrthod lladd yw'r ail.

Ehangu Eich Syniadau

- Ydych chi'n meddwl bod gwrthwynebu rhyfel yn ddewis hawdd?
- Ailddarllenwch Ffynhonnell D. Ydych chi'n meddwl y byddai'n addas heddiw i Lywodraeth Cymru ddewis a yw milwyr Cymru yn cael eu defnyddio mewn gwrthdaro, neu a ydych chi'n meddwl y dylai'r pŵer aros gyda San Steffan neu Senedd Ewrop hyd yn oed? Rhowch resymau am eich dewis.

Adolygu a myfyrio ar eich gwaith dysgu am ymatebion yng Nghymru i gychwyn y rhyfel.

Ysgrifennwch grynodeb o ymatebion yng Nghymru i gychwyn y rhyfel i'w ddarlledu ar y radio. Rhaid iddo gymryd munud i'r newyddiadurwr ei ddarllen (tua 3-4 paragraff). Efallai yr hoffech gychwyn gyda: "*Cafwyd ymatebion cymysg yma yng Nghymru i'r newyddion bod Prydain mewn rhyfel yn erbyn yr Almaen…*"

C CWESTIWN ALLWEDDOL

Sut y daeth yn Rhyfel Byd?

Gwybodaeth a Dealltwriaeth Hanesyddol

Adnabod nodweddion y sefyllfa

Blitzkrieg yn Ewrop

Disgynnodd Gwlad Pwyl yn gyflym dan reolaeth yr Almaen ym mis Medi 1939. Fodd bynnag, digwyddodd cyn lleied yn ystod y chwe mis nesaf nes y cafodd ei ddisgrifio fel 'y Rhyfel Ffug'. Daeth hyn i ben yn Ebrill 1940 pan ymosododd yr Almaen ar Norwy a Denmarc, ac yna'r Iseldiroedd, Gwlad Belg a Ffrainc ym mis Mai.

Defnyddiodd Hitler ei bolisi o Blitzkrieg (*rhyfel dirybudd*), ac fe weithiodd yn dda iawn. Yn gyntaf roedd awyrennau yn bomio cysylltiadau a chanolfannau cyfathrebu pwysig, yna byddai tanciau yn diogelu ardaloedd allweddol, ac yn olaf byddai milwyr yn symud i mewn i'r ardal ac yn cymryd rheolaeth.

Ym mis Mai 1940 cwympodd Ffrainc i'r Natsïaid a chiliodd milwyr Prydain drwy Dunkerque. Ymddiswyddodd Prif Weinidog Prydain, Chamberlain, a chafodd Winston Churchill ei benodi yn ei le. Arweiniodd ef lywodraeth glymblaid a arhosodd mewn grym trwy gydol y rhyfel.

Prydain ar ei phen ei hun?

Ym mis Mehefin 1940 roedd Hitler yn bwriadu ceisio goresgyn Prydain. Roedd Brwydr Prydain yn mynd i fod yn frwydr am yr awyr. Bu'r Luftwaffe yn targedu canolfannau llu awyr ac erbyn mis Medi roedd Prydain bron â chael ei threchu. Fodd bynnag, newidiodd y Luftwaffe i fomio targedau sifil – yn enwedig Llundain. Dyma oedd dechrau'r 'Blitz', a oedd yn erchyll i'r bobl ond yn rhyddhad i'w groesawu i'r Llu Awyr Brenhinol.

O fis Medi 1940 rhoddodd Hitler y gorau i'w ymdrech i oresgyn Prydain gan ganolbwyntio ar darfu ar lwybrau cyflenwi Prydain ac ymladd yn erbyn lluoedd Prydain yng Ngogledd Affrica.

Map o Ewrop yn ystod yr Ail Ryfel Byd yn dangos y gwledydd a gafodd eu goresgyn gan fyddin Hitler

Y Gymanwlad

Roedd yr Ymerodraeth Brydeinig wedi sicrhau nad oedd Prydain ar ei phen ei hun mewn gwirionedd. Roedd yr wythfed fyddin yng Ngogledd Affrica, er enghraifft, yn cynnwys adrannau o Awstralia, yr India, De Affrica a Seland Newydd, a phan gafodd ei throsglwyddo i'r Eidal fe ymunodd adran o Ganada â'r trefniant.

Rhyfel Byd

Ehangodd y rhyfel ymhellach ym mis Mehefin 1941 pan aeth milwyr yr Almaen i mewn i'r Undeb Sofietaidd. Roedd y ffaith fod yr unben Stalin yn un o'r cynghreiriaid yn peri rhywfaint o bryder yn y Brydain ddemocrataidd, ond roedd y ffaith fod y Natsïaid yn gosod eu hadnoddau yn rhywle arall yn rhoi seibiant i'w groesawu i'r lluoedd Prydeinig. Ym mis Rhagfyr ymunodd America â'r rhyfel wedi i'r Japaneaid fomio Pearl Harbour, ac roedd y ffaith i America fynd i mewn i Dde-ddwyrain Asia yn golygu bod y rhyfel bellach yn Rhyfel Byd.

Meddwl a Dysgu

1. Beth yw ystyr y term 'Rhyfel Ffug'?
2. Faint o wledydd y llwyddodd y Natsïaid i'w goresgyn yn ystod misoedd Ebrill a Mai 1940? Beth mae hyn yn ei awgrymu am Blitzkrieg?
3. Pam na fyddai Blitzkrieg yn gweithio mor rhwydd yn erbyn Prydain?
4. Pam ydych chi'n meddwl y gwnaeth Chamberlain ymddiswyddo fel Prif Weinidog ym mis Mai 1940?
5. Crëwch fwrdd stori o ddigwyddiadau o fis Medi 1939 hyd fis Rhagfyr 1941 i egluro sut y daeth yn Rhyfel Byd. Defnyddiwch gyfuniad o luniau, symbolau, mapiau a thestun.

Medi 1939	Ebrill 1940
Mai 1940	Mehefin 1940
Medi 1940	Mai 1941
Mehefin 1941	Rhagfyr 1941

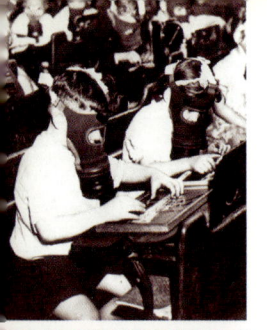

Ymwybyddiaeth Gronolegol

Egluro cysylltiadau a newidiadau drwy gydol y rhyfel

LLINELL AMSER Y RHYFEL

Mae'r llinell amser yma yn tynnu sylw at ddigwyddiadau allweddol yn ystod y rhyfel.

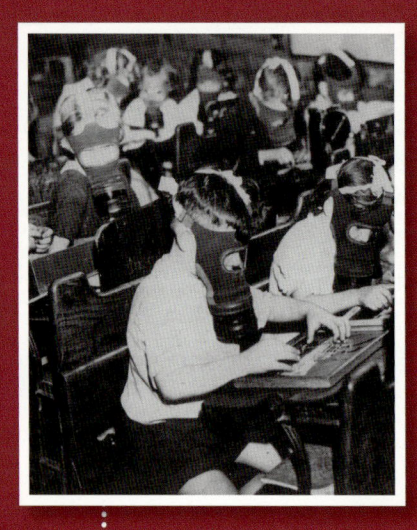

Dosbarthwyd masgiau nwy yng Nghymru a gweddill y DG

Ebrill: Yr Almaen yn goresgyn Denmarc a Norwy – roedd y Rhyfel Ffug drosodd.
Mai: Ffrainc yn ildio.
Mehefin: Byddin Prydain yn cael ei thynnu allan o Dunkerque.
Yr ymosodiadau cyntaf gan fomiau ar Gaerdydd. Cafodd 30,000 o adeiladau eu dinistrio dros y 15 mis canlynol.
Gorffennaf: Brwydr Prydain yn dechrau
Awst: Parhaodd tân yn Noc Penfro am 18 diwrnod yn dilyn cyrch gan yr Almaenwyr.
Rhoddwyd ardaloedd mynyddig ym Mhowys i fyddin Prydain at ddibenion hyfforddi – collodd bron i 200 o Gymry eu cartrefi.
Medi: Y Luftwaffe yn dechrau bomio targedau sifil ar raddfa eang. Cafodd Llundain ei thargedu yn benodol a galwyd hyn y Blitz

———1938———————1939———————1940———————1941———

Medi: Prydain a Ffrainc yn cyhoeddi rhyfel yn erbyn yr Almaen wedi iddi oresgyn Gwlad Pwyl. Y broses o symud plant yn dechrau yn syth, a daeth 200,000 o faciwîs i Gymru dros y ddwy flynedd nesaf.
Menywod mewn gwaith yng Nghymru: 94,000
Nifer y diwaith yng Nghymru: 145,867

Chwefror: Targedwyd Abertawe gan y bomiau – lladdwyd 387 o bobl ac anafwyd 412.
Symudwyd paentiadau o'r Oriel Genedlaethol yn Llundain i chwareli llechi yng ngogledd Cymru.
Mehefin: Yr Almaen yn mynd i mewn i'r Undeb Sofietaidd, a oedd yn golygu bod yr unben Stalin wedi dod yn un o gynghreiriaid Prydain.
Rhagfyr: Cyhoeddodd yr Unol Daleithiau ryfel yn erbyn Japan a'r Almaen wedi ymosodiad annisgwyl Japan ar Pearl Harbour.

🔔 Nodwch pa ddigwyddiadau oedd yn cynnwys

i) Cymru (C);
ii) Prydain (P);
iii) gweddill y byd (G).

16

Brwydr Midway

Chwefror: Y Japaneaid yn hawlio Singapore; colled fawr i fyddin Prydain.
Mehefin: Rudolf Hess, un o arweinwyr y Natsïaid, yn cael ei garcharu yn Llys Maindiff yn y Fenni.
Yr Unol Daleithiau yn llwyddiannus ym Mrwydr Midway yn erbyn Japan.
Awst: Dechrau'r Frwydr dros Stalingrad yn yr Undeb Sofietaidd.

Mawrth: 10,000 o lowyr o Gymru yn mynd ar streic am 20 niwrnod dros dâl ac amodau.
Mai: Y Ffiwsilwyr Cymreig Brenhinol yn paratoi ar gyfer D-Day.
Yn ystod gwarchae Casino yn yr Eidal yn 1944 gwnaed yr holl gyfathrebu radio gan y Gwarchodlu Cymreig yn Gymraeg er mwyn rhwystro'r gelyn rhag clustfeinio.
Mehefin: Bu D-Day yn llwyddiant. Rhyddhawyd Paris o afael y Natsïaid.
Medi: 53eg Adran y Troedfilwyr Cymreig yn helpu i ryddhau Brwsel o reolaeth y Natsïaid.

———— 1942 ———— 1943 ———— 1944 ———— 1945 ————

Ionawr: Ffatrïoedd ym Mhen-y-bont ar Ogwr oedd â'r stôr mwyaf o ffrwydron rhyfel yn y byd.
Chwefror: Cafodd byddin yr Almaen ei threchu yn Stalingrad, trobwynt pwysig yn y rhyfel.
Medi: Lluoedd y Cynghreiriaid yn symud i mewn i Sicilia o Ogledd Affrica.
Rhagfyr: Bechgyn Bevin yn cael eu hyfforddi fel glowyr.

Mawrth: Carcharorion rhyfel o'r Almaen yn dianc o wersyll ym Mhen-y-bont ar Ogwr; cafodd pob un ohonyn nhw eu dal.
Mai: Cipiwyd Berlin a dathlwyd Buddugoliaeth yn Ewrop.
Awst: Gollyngwyd y Bom Atomig ar Hiroshima a Nagasaki. Dathlwyd buddugoliaeth yn erbyn Japan. Roedd yr Ail Ryfel Byd drosodd.
Menywod mewn gwaith yng Nghymru: 204,000
Nifer y diwaith yng Nghymru: 7,302

> **Meddwl a Dysgu**
>
> 1. Cofiwch y gwaith ar arwyddocâd o'r tudalennau agoriadol – nid oes gan bob un o'r digwyddiadau hyn yr un arwyddocâd. Pa dri digwyddiad fyddech chi'n eu dewis fel y rhai mwyaf arwyddocaol a pham? Cymharwch eich dewis â dewis aelodau eraill o'r dosbarth.
>
> 2. Lluniwch siart i gymharu diweithdra a chyflogaeth ymhlith menywod ar ddechrau a diwedd y rhyfel yng Nghymru. Awgrymwch resymau am y newidiadau.

Adolygu a myfyrio ar yr hyn rydych wedi ei ddysgu am sut aeth y rhyfel yn ryfel byd

Dewiswch bum gair allweddol i esbonio pam roedd goresgyniad yr Almaen o Wlad Pwyl ym mis Medi 1939 wedi mynd yn rhyfel byd erbyn mis Rhagfyr 1941.

1.
2.
3.
4.
5.

Defnyddiwch y geiriau i'ch helpu i esbonio i'ch partner neu i oedolyn gartref pam y daeth y rhyfel yn rhyfel byd.

PENNOD 2

Pa brofiadau a gafodd milwyr o Gymru yn ystod yr Ail Ryfel Byd?

Byddai dynion ifanc wedi gweld posteri fel y rhai yn Ffynonellau A a B, a gafodd eu harddangos ledled Cymru ar ddechrau'r rhyfel. Yn drist iawn, roedd yna lawer o filwyr o Gymru na fyddai'n dychwelyd.

Ymholiad Hanesyddol

Adnabod strategaethau ar gyfer ymholiad hanesyddol

Ffynhonnell A

WELSH GUARDS

Volunteers required now for the WELSH GUARDS. Age 20–35. Height 5ft. 9ins. or over.

Men can present themselves for enlistment at all Recruiting Centres. Enquiries will be answered at all Police Stations.

Men registered to be called up under National Service, but not already called, may enlist *now* in the WELSH GUARDS.

Enlistment on Normal engagement, or for the Duration of War.

Ffynhonnell B

20th LIGHT ANTI-AIRCRAFT REGIMENT

600 MEN WANTED ★ IMMEDIATELY ★

This unit will be raised on a territorial basis and any person, age 25 to 50, is eligible if not employed in a reserved occupation.

YOU CAN ENROL FROM 9 A.M. TO-DAY AT ANY OF THE FOLLOWING:

CARDIFF: DRILL HALL, Dumfries Place.
SWANSEA: CENTRAL HALL.
BRIDGEND: THE OLD DRILL HALL.
MERTHYR: THE NEW DRILL HALL.

Enghreifftiau o bosteri recriwtio'r llywodraeth yn ystod y rhyfel

> Astudiwch y posteri yn Ffynonellau A a B. Pam maen nhw wedi cael eu hanelu at ystodau oedran gwahanol? Cymharwch nhw gyda phosteri rhyfel eraill; a yw'r llywodraeth wedi treulio llawer o amser yn paratoi'r rhain? Pam?

Bu milwyr o Gymru yn ymladd ym mhedwar ban byd:

- Bu Cyffinwyr De Cymru yn ymladd yn Norwy a Gogledd Affrica a buon nhw'n cymryd rhan yng nglaniadau D-Day.

- Bu'r Gatrawd Gymreig yn ymladd yng Ngogledd Affrica, Creta, Sicilia, yr Eidal, Ffrainc a'r Iseldiroedd.

- Aeth y Ffiwsilwyr Brenhinol Cymreig i Norwy, Ffrainc, y Dwyrain Canol a Burma. Roedden nhw yn Dunkerque yn 1940, ac ymhlith y milwyr a wnaeth y gwaith dilynol wedi glaniadau D-Day yn Normandie yn 1944.

- Chwaraeodd y Gwarchodlu Cymreig ran hanfodol trwy arafu symudiad yr Almaen i mewn i Ffrainc yn 1940 ac yn ddiweddarach fe ddychwelon nhw i Ffrainc fel rhyddhawyr yn 1944.

Dyma rai lluniau o filwyr Cymreig o gwmpas y byd, 1939-1945.

Ffynhonnell C

Ffynhonnell Ch

Ffynhonnell D

Ffynhonnell Dd

Ffynhonnell E

Ffynhonnell F

Meddwl a Dysgu

1. Ceisiwch baru'r labeli isod gyda'r lluniau yn Ffynonellau C–F er mwyn ychwanegu at eich dealltwriaeth o brofiadau milwyr Cymreig.
   - *Gogls tywod a ddefnyddiwyd yn Anialwch y Gorllewin yn ystod yr Ail Ryfel Byd, 1939*
   - *Milwyr wrth gefn Bataliwn 1af y Ffiwsilwyr Brenhinol Cymreig yn Ffrainc, 1940. Tybir mai trigolion Ffrainc yw'r afr a'r plentyn!*
   - *Cyffinwyr De Cymru yn symud ymlaen i Vaux-sur-Aure ar D-Day 1945*
   - *Y Cadlywydd Montgomery yn archwilio 6ed Bataliwn (Sir Gaernarfon a Sir Fôn) y Ffiwsilwyr Brenhinol Cymreig (TA) yn Dusseldorf ar ddiwrnod VE 1945*
   - *Dynion 2il Fataliwn y Ffiwsilwyr Brenhinol Cymreig yn Burma 1944*
   - *Catrawd De Cymru yn gwasanaethu yng Ngogledd Affrica*

2. Edrychwch ar Ffynonellau C–F. Pa ddelwedd sydd fwyaf diddorol i chi?
   - Gwnewch restr o'r cwestiynau sy'n dod i'ch meddwl wrth edrych ar y ddelwedd honno. (Defnyddiwch yr offer cwestiynu i'ch helpu.) Sut gallech chi dod o hyd i'r atebion i'ch cwestiynau?
   - Pa swigod meddwl y gallech chi eu hychwanegu at y ddelwedd honno?

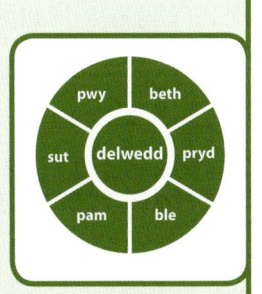

21

Astudiaeth Achos

Teulu'n rhyfela – 'Balchder a Gofid'

Mae Patti Flynn yn gantores jazz a seren cabaret ryngwladol o Tiger Bay yng Nghaerdydd. Dim ond 2 flwydd oed oedd Patti pan gychwynnodd y rhyfel; mae hanes ei theulu yn ystod y rhyfel yn un trasig sy'n ein helpu i ddeall sut beth oedd bywyd ar y pryd.

Roedd ei brawd hynaf, Jocelyn Young, yn 20 oed yn 1941 pan wnaeth Japan ddatgan rhyfel yn erbyn y Cynghreiriaid. Fel llawer o bobl oedd yn byw yn Nociau Caerdydd, roedd yn y llynges fasnachol yn gweithio ar longau oedd yn cario nwyddau o amgylch y byd. Diflannodd ei long – mae'n debyg ei bod wedi cael ei suddo gan y Japaneaid – a chyhoeddwyd bod Jocelyn wedi'i golli ar y môr.

Patti Flynn gyda'i merch Paula

Roedd ei thad, Wilmot, yn gogydd ar fwrdd llong. Yn 1942 adroddwyd ei fod yntau hefyd wedi'i golli ar y môr wedi i'w long gael ei tharo.

Roedd Arthur Young, un arall o frodyr Patti, yn chwaraewr trwmped talentog. Ymunodd Arthur â'r Llu Awyr Brenhinol yn 1941. Ym mis Gorffennaf 1944, pan oedd yn ddim ond 21 mlwydd oed, enillodd ei adenydd hedegog gan ddod yn un o'r ychydig swyddogion croenddu yn y Llu Awyr Brenhinol.

Fel yr esboniodd Patti, cyn bo hir cafwyd trasiedi yn y teulu am y trydydd tro: "Cafodd Arthur ei adenydd hedegog yn 1944, yn yr un wythnos ag yr aeth ei awyren fomio Lancaster ar dân a disgyn ar y ffordd adre o daith dros Ffrainc. Lladdwyd Arthur a'r criw cyfan. Roedd y rhyfel wedi hawlio tri aelod o'm teulu."

Brawd Patti, Arthur Young

Mae stori John Actie, a oedd yn gymydog i Arthur Young, yn dangos gymaint o gamp ydoedd i berson croenddu ddod yn swyddog yn y Llu Awyr Brenhinol yr adeg hwn. Ymunodd John â'r RAF ac aeth gerbron bwrdd dethol criwiau awyr gan basio'r holl arholiadau. Fodd bynnag, dywedodd yr Awyr-Ringyll: "O, byddai'n well i ni beidio â'ch cael chi; byddai'n well inni gael rhywun sy'n gallu siarad a deall Saesneg." Gan ei fod wedi cael ei eni yng Nghaerdydd, roedd John yn gwybod bod y sylw yma yn annheg ac yn rhagfarnllyd. Daliodd ati ac, ymhen amser, cafodd ei adenydd hedegog fel Arthur.

Daeth John Actie yn beilot gyda'r Llu Awyr Brenhinol a llwyddodd i oroesi'r rhyfel.

Meddwl a Dysgu

1. Pa anawsterau y byddai marwolaeth tad a brodyr Patti wedi eu hachosi i weddill y teulu?
2. Sut mae'r wybodaeth yma yn ychwanegu at eich dealltwriaeth o fywyd yn ystod y rhyfel?
3. A oes unrhyw dystiolaeth fod hiliaeth yn nodwedd yn ystod y rhyfel? Pa ymchwil pellach fyddai angen ichi ei wneud i ateb hyn yn llawn?
4. Pam mae'n bwysig cydnabod rhan lleiafrifoedd yn ystod y rhyfel?

C CWESTIWN ALLWEDDOL

Pa brofiadau a gafodd milwyr o Gymru yn ystod yr Ail Ryfel Byd?

Her Ddysgu

Crëwch arddangosfa i ddangos profiadau milwyr o Gymru o'r Ail Ryfel Byd. Gallwch ddod o hyd i wybodaeth berthnasol mewn llyfrau ac ar y Rhyngrwyd. Dathlodd y BBC 60 mlynedd wedi diwedd y rhyfel drwy recordio hanesion unigolion. Maen nhw wedi gwneud gwaith gwerthfawr yn diogelu tystiolaeth hanesyddol. Gan weithio mewn grwpiau, mae eich dosbarth yn mynd i baratoi arddangosfa i esbonio profiadau milwyr o Gymru yn ystod yr Ail Ryfel Byd. Bydd angen i chi ddilyn y camau canlynol:

Cam Un – Cynllunio

Dewiswch filwr o Gymru ar gyfer yr arddangosfa – defnyddiwch wefan y BBC, adnoddau eraill ar y Rhyngrwyd, y llyfrgell neu archifau hanes eich teulu/ysgol.

Gwnewch waith ymchwil – defnyddiwch yr offer cwestiynu i'ch helpu i ysgrifennu cwestiynau am brofiadau y milwr yr ydych wedi'i ddewis yn ystod y rhyfel. Dylai'r cwestiynau hyn eich helpu i drefnu eich ymchwil. Cofiwch ymchwilio i'r union ddigwyddiadau y bu'r milwr yr ydych wedi'i ddewis yn rhan ohonyn nhw (e.e. Dunkerque, D-Day, neu wersylloedd carcharorion rhyfel) i'ch helpu i ddeall ei brofiadau o ryfel.

Cam Dau – Datblygu

Paratowch i gyflwyno eich milwr, a'i brofiadau, i weddill y dosbarth gan ddefnyddio posteri. Gwnewch yn siŵr eich bod yn gweithio'n llwyddiannus drwy ddefnyddio'r meini prawf isod:

MEINI PRAWF LLWYDDIANT AR GYFER POSTER
- ✔ Gwybodaeth am un milwr o Gymru;
- ✔ Gwybodaeth gyffredinol am y profiadau y byddai wedi'u cael;
- ✔ Delweddau i gyd-fynd â'ch gwybodaeth;
- ✔ Dylai'r wybodaeth fod yn fanwl ond yn fyr, yn gryno ac yn hawdd i'w darllen;
- ✔ Dylai darluniau helpu pobl i ddeall eich testun.

Cam Tri – Myfyrio

Cynhaliwch daith posteri. Aildrefnwch yn grwpiau newydd gydag un person o bob poster yn cael ei gynrychioli. Ewch ar daith o amgylch y posteri sydd wedi eu harddangos o amgylch yr ystafell. Pan gyrhaeddwch eich poster chi, ewch ati i'w esbonio ac atebwch gwestiynau gan eich grŵp newydd.

Dysgwch o bob poster a gwerthuswch bob un drwy gwblhau'r tabl isod.

Poster	Dysgu		Gwerthuso (1 – Da; 2 – Boddhaol; 3 – Lle i wella)			
	Enw'r milwr unigol	Crynodeb o'i brofiadau rhyfel (uchafbwyntiau ac isafbwyntiau)	Ymchwil *Faint wnaethon nhw ei ddarganfod? Oedd hynny'n ddigon?*	Detholiad o fanylion ar y poster *Gormod? Dim digon?*	Trefn yr ymchwil *Pa mor dda mae'n cael ei gyflwyno? A yw'n gwneud synnwyr? A yw'n ddifyr?*	Cyfleu yr ymchwil *Pa mor dda wnaeth y cynrychiolydd ei egluro?*
1						
2						
3						
4						

Adolygu a myfyrio ar yr hyn rydych wedi'i ddysgu am brofiadau milwyr o Gymru yn ystod yr Ail Ryfel Byd

1. Gellid galw'r cwestiwn *Pa brofiadau a gafodd milwyr o Gymru yn ystod yr Ail Ryfel Byd?* yn gwestiwn mawr. Defnyddiwch eich gwybodaeth eich hun, y map, y ffynonellau a chyflwyniadau gan weddill y dosbarth i egluro pam y gallai'r ateb fod yn un hynod o hir.
2. Pa themâu a chysylltiadau oedd yn gyffredin rhwng y gwahanol brofiadau? Gwnewch restr o eiriau (e.e. hiraeth, ofn, cyfeillgarwch) sydd yn gyffredin i lawer o'r profiadau.
3. A yw'n bosib ateb cwestiwn mawr gydag ateb bach?

PENNOD 3

Sut newidiodd yr Ail Ryfel Byd fywyd yng Nghymru?

CWESTIWN ALLWEDDOL

Beth oedd yn bwysig yng Nghymru cyn y rhyfel?

Wrth fwrw golwg cyffredinol ar wlad yn ystod un cyfnod penodol mewn hanes, mae'n syniad da defnyddio'r categorïau canlynol: Gwleidyddol, Economaid, Cymdeithasol, Diwylliannol a Chrefyddol (GECDC). Mae'r categorïau hyn hefyd yn ddefnyddiol ar gyfer darganfod achosion a chanlyniadau digwyddiadau hanesyddol.

Gwybodaeth a Dealltwriaeth Hanesyddol

Adnabod nodweddion y cyfnod

GWLEIDYDDIAETH

Ers diwedd y bedwaredd ganrif ar bymtheg, roedd y rhan fwyaf o etholaethau yng Nghymru wedi ethol aelodau seneddol Rhyddfrydol. Yn y blynyddoedd ar ôl y Rhyfel Mawr, dechreuodd y Blaid Lafur ennill lle blaenllaw yng ngwleidyddiaeth Cymru. Sefydlwyd Plaid Cymru yn 1925 ond ychydig o gefnogaeth a gafodd gan y werin tan yr 1960au. Byd y dynion oedd gwleidyddiaeth o hyd er bod gan fenywod yr hawl i bleidleisio ar yr un telerau â dyion er 1928.

Ffynhonnell A

Blwyddyn	Ceidwadwyr	Llafur	Rhyddfrydwyr	Plaid Cymru	Eraill
1918	4	10	20	–	1
1922	6	18	10	–	1
1929	1	25	9	–	–
1935	6	18	10	–	1

Aelodau Seneddol Cymru rhwng y ddau Ryfel Byd

ECONOMI

Elfennau pwysicaf economi Cymru oedd glo, dur, tunplat, amaethyddiaeth a chwarela. Cafodd pob un o'r diwydiannau hyn ergyd drom gan y dirwasgiad byd-eang yn yr 1930au, a gadawodd llawer o bobl Gymru i chwilio am waith mewn ardaloedd eraill, yn aml yn ne-ddwyrain a chanolbarth Lloegr.

CYMDEITHAS

Mewn llawer o bentrefi a threfi yng Nghymru roedd haenau eglur i'r gymdeithas. Y bobl uchaf o ran statws oedd gweinidogion, meddygon ac athrawon. Yn aml roedd gweithgareddau cymdeithasol yn troi o amgylch y capeli neu'r eglwysi. Teimlai llawer o gymunedau traddodiadol dan fygythiad oherwydd diboblogi yn yr 1930au ac am eu bod wedi colli cymaint o ddynion ifanc yn y Rhyfel Mawr. Fel ym myd gwleidyddiaeth, dynion oedd â'r rhan flaenllaw yn y gymdeithas yng Nghymru hefyd. Nid oedd y mwyafrif o fenywod yn gweithio y tu allan i'r cartref.

DIWYLLIANT

Yn ystod yr ugeinfed ganrif, gwelwyd dechrau ar y diwylliant torfol. Daeth addysg elfennol yn orfodol yn 1870 ac roedd hyn yn golygu y gallai'r rhan fwyaf o oedolion ddarllen ac ysgrifennu erbyn 1920. O ganlyniad i hyn death papurau newydd, llyfrau a chylchgronau yn fwyfwy poblogaidd. Datblygodd y sinema a'r radio yn yr 1920au, ond roedd eisteddfodau a nosweithiau llawen yn parhau i fod yn boblogaidd ymysg Cymry Cymraeg. Cyhoeddwyd papurau newydd a llyfrau yn y Gymraeg hefyd. Fodd bynnag, Saesneg oedd iaith addysg a'r rhan fwyaf o'r cyfryngau, ac roedd llawer o Gymry yn ystyried mai Saesneg oedd iaith datblygiad a'r dyfodol. Erbyn dechrau'r 20fed ganrif, roedd nifer y siaradwyr Cymraeg wedi gostwng i 50%, ac roedd pryderon fod yr iaith dan fygythiad

CREFYDD

Cristnogaeth oedd y brif grefydd ar yr adeg yma. Roedd yr Eglwys Anglicanaidd yn bwysig yng Nghymru, ond nid oedd mor flaenllaw ag Anghydffurfiaeth. Roedd Diwygiad Mawr 1904-05 wedi cynhyrchu 80,000 o aelodau ychwanegol i'r capeli. Fodd bynnag, erbyn 1912, roedd y rhan fwyaf o'r aelodau newydd hyn wedi ymbellhau, a phob blwyddyn o hynny ymlaen roedd lleihad araf ym maint cynulleidfaoedd y capeli. Roedd crefyddau eraill hefyd yn bwysig yng Nghymru. Daeth nifer fawr o fewnfudwyr ag amrywiaeth o grefyddau gwahanol i'r wlad. Roedd cymunedau Gweddelig ac Edalaidd wedi sefydlu eglwysi Catholig ar draws Cymru. Roedd cymunedau Iddewig wedi hen sefydlu yn yr ardaloedd hyn hefyd, ac agorodd y gymuned Fwslimaidd y mosg cyntaf ym Mhrydain yng Nghaerdydd yn 1860.

Ffynhonnell B

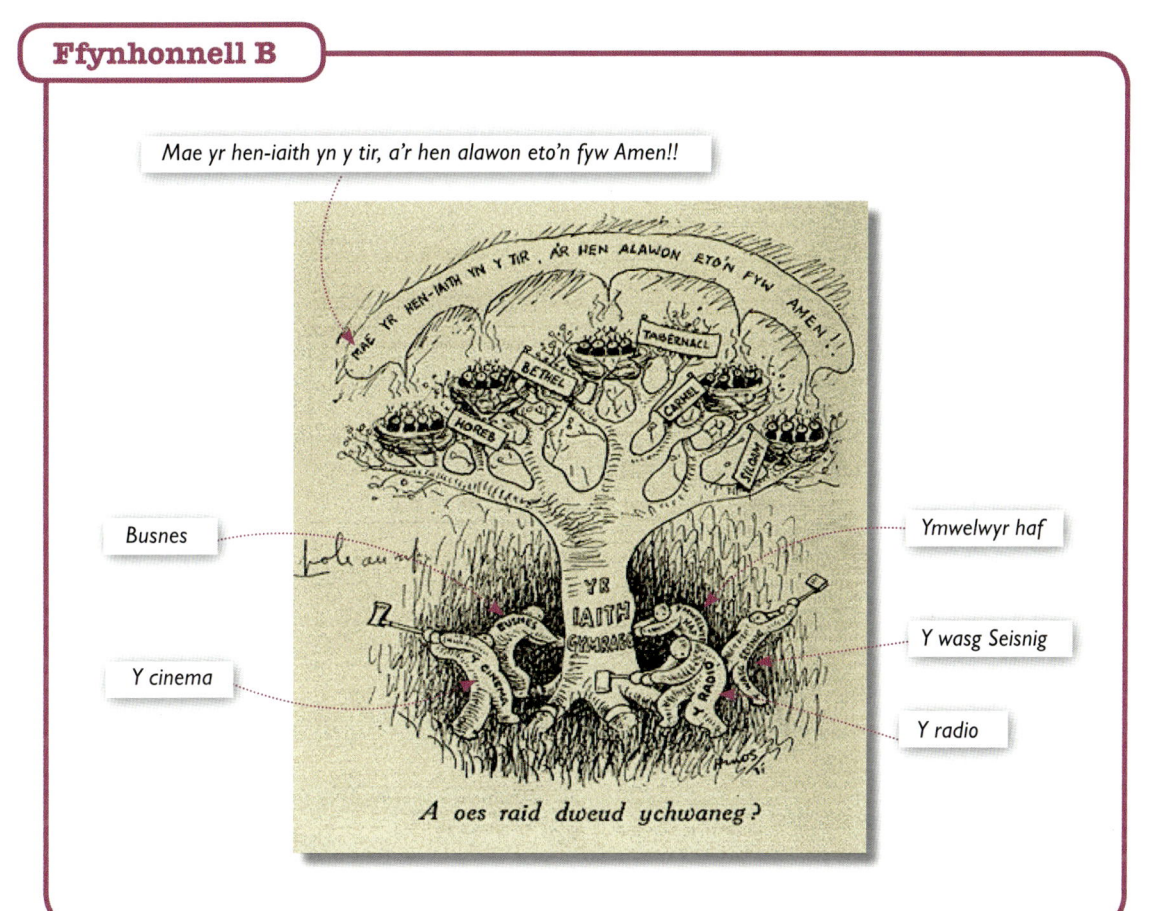

Mae yr hen-iaith yn y tir, a'r hen alawon eto'n fyw Amen!!

Busnes

Y cinema

Ymwelwyr haf

Y wasg Seisnig

Y radio

A oes raid dweud ychwaneg?

Meddwl a Dysgu

1. Astudiwch Ffynhonnell A. Ym mha ffordd roedd gwleidyddiaeth Cymru wedi newid ers diwedd y Rhyfel Mawr yn 1918?
2. Astudiwch Ffynhonnell B. Yn ôl y cartŵn, beth oedd cryfderau a gwendidau'r iaith Gymraeg?
3. Darllenwch y wybodaeth GECDC uchod. Ar wahân i ddirywiad yr iaith, pa broblemau a heriau eraill oedd yn wynebu Cymru cyn cychwyn yr Ail Ryfel Byd?
4. Meddwl ymlaen: Yn eich barn chi, ym mha ffordd y byddai'r rhyfel yn effeithio ar wleidyddiaeth, economeg, cymdeithas, diwylliant a chrefydd Cymru? Esboniwch eich rhagfynegiadau yn ofalus. Defnyddiwch dabl tebyg i hwn i'ch helpu.

GECDC	Eich rhagfynegiadau ynglyn â sut y gallai rhyfel newid Cymru	Defnyddiwch bennod olaf y llyfr i esbonio sut y newidiodd pethau mewn gwirionedd
Gwleidyddiaeth		
Economeg		
Cymdeithas		
Diwylliant		
Crefydd		

Sut y byddai'r rhyfel yn newid bywyd yng Nghymru?

Isod gwelir cartŵn a ymddangosodd mewn papur newydd yn Wrecsam ar ddechrau'r rhyfel. Defnyddiwch y diagram pry cop hwn i ddadansoddi'r negeseuon yn y cartŵn.

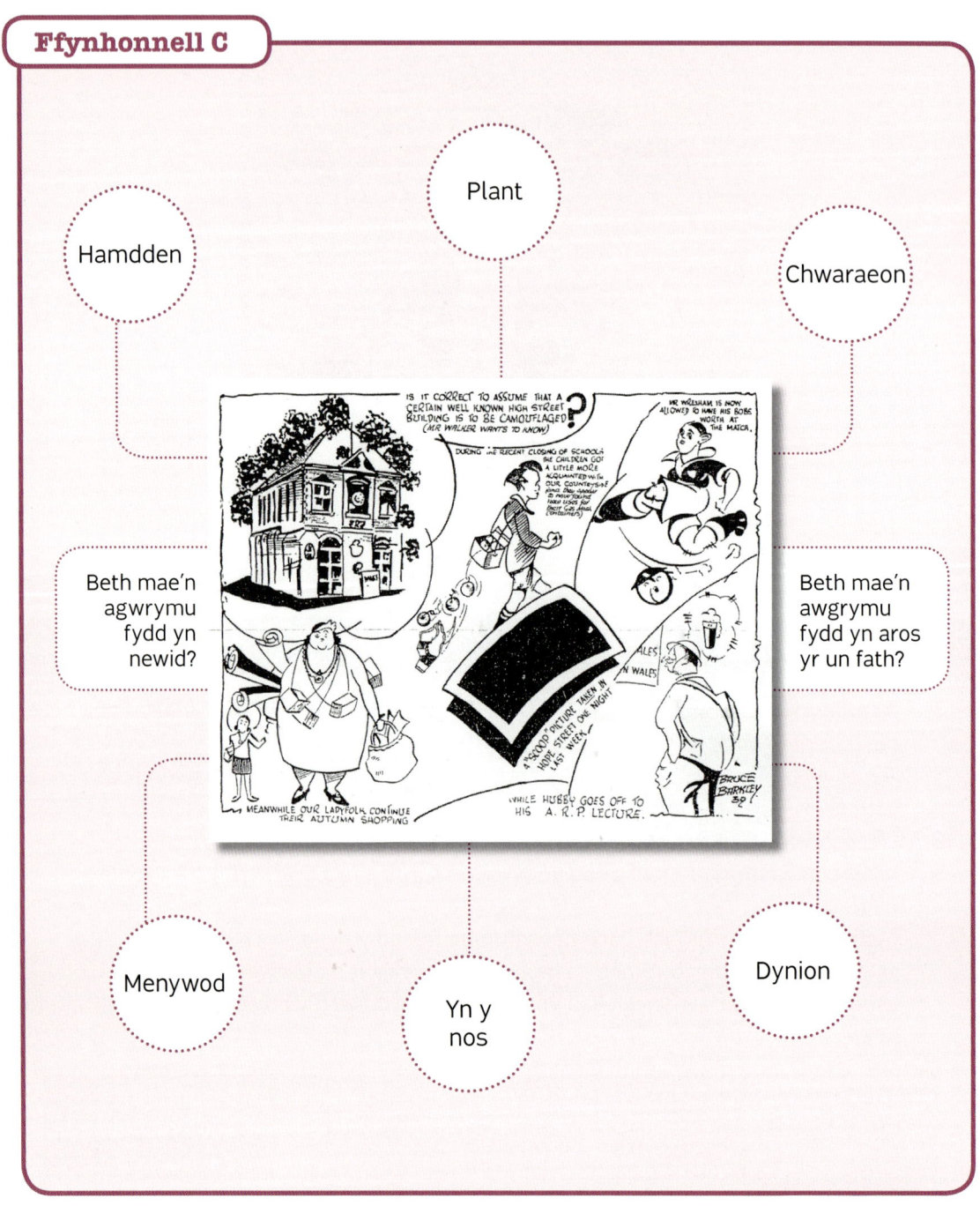

Gwybodaeth a Dealltwriaeth Hanesyddol

Adnabod nodweddion y cyfnod

Ffynhonnell C

- Plant
- Hamdden
- Chwaraeon
- Beth mae'n agwrymu fydd yn newid?
- Beth mae'n awgrymu fydd yn aros yr un fath?
- Menywod
- Yn y nos
- Dynion

Pa mor ddefnyddiol ydy'r ffynhonnell hon i helpu i egluro sut y newidiodd bywyd yng Nghymru? Rhowch farc allan o ddeg iddi.

0/10 Cwbl annefnyddiol

Wrth roi sgôr, ystyriwch y wybodaeth mae'n ei rhoi, y wybodaeth nad yw'n ei rhoi, pryd cafodd y cartŵn ei wneud, pam y cafodd ei wneud a pha neges mae'n ei chyfleu.

10/10 Cwbl ddefnyddiol

C CWESTIWN ALLWEDDOL

Sut deimlad oedd bod ag ofn ymosodiad?

Ffynhonnell A

Trechu'r GORESGYNNYDD – Neges oddi wrth y Prif Weinidog (taflen gyhoeddwyd gan Weinyddiaeth Hysbysrwydd mewn cydweithrediad â'r Swyddfa Ryfel a Gweinyddiaeth Diogelwch Cartrefol).

Beating the INVADER – A Message from the Prime Minister (Issued by the Ministry of Information in co-operation with the War Office and the Ministry of Home Security).

Taflen gwybodaeth gyhoeddus

Cyhoeddodd y Weinyddiaeth Wybodaeth y daflen hon, mewn cydweithrediad â'r Swyddfa Ryfel a'r Weinyddiaeth Amddiffyn Cartref yn ystod yr Ail Ryfel Byd.

Ymchwiliad Hanesyddol

Dethol a chrynhoi gwybodaeth yn fanwl gywir o ffynonellau

🔔 Darllenwch Ffynhonnell A. Dychmygwch sut y byddech chi'n teimlo pe bai'r daflen hon yn dod trwy'ch drws.

29

Roedd arwyddion yn cael eu tynnu i lawr hefyd, er mwyn drysu'r gelyn rhag iddynt ymosod ar y wlad. Achosodd hyn broblemau mawr i'r llu o newydd-ddyfodiaid a symudodd i Gymru.

Ffynhonnell B

Ffynhonnell C

"Er nad oedd hynny'n brif flaenoriaeth, cafodd traethau Cymru eu gwarchod ag atalfeydd concrit, polion gwrthawyrennol a rhwystrau gwifren. Yn ôl y cofnodion, roedd amddiffynfeydd o'r fath wedi eu lleoli ar gyfanswm o 27 o draethau i gyd."

www.pillboxesuk.co.uk

Ffynhonnell Ch

Caer amddiffyn y Llu Awyr yn Sealand, Sir y Fflint

Meddwl a Dysgu

1. Astudiwch Ffynhonnell A. Sut byddech chi'n teimlo pe bai taflen debyg i hon yn dod trwy'ch drws chi? Pam ydych chi'n meddwl y cynhyrchodd y llywodraeth y taflenni? Pam wnaethon nhw eu cynhyrchu yn Gymraeg ac yn Saesneg?
2. Astudiwch Ffynhonnell B. Pam ydych chi'n meddwl y cafodd arwyddion eu tynnu i lawr? Sut y byddai hyn yn gwneud bywyd yn anodd i bobl yng Nghymru?
3. Astudiwch Ffynonellau C ac Ch. Pam ydych chi'n meddwl y cafodd traethau yng Nghymru eu hamddiffyn? Pa mor dda oedden nhw wedi eu hamddiffyn?
4. Edrychwch ar y map o Ewrop ar dudalen 14 a defnyddiwch eich gwybodaeth o gyfnodau eraill mewn hanes. Pam y byddai'r Almaen wedi bod eisiau goresgyn Cymru?
5. Edrychwch ar y llinell amser ar dudalen 16-17 eto. Ar ba adegau yn ystod y rhyfel ydych chi'n meddwl roedd pobl yn ofni ymosodiad fwyaf?

Y Gwarchodlu Cartref

CWESTIWN ALLWEDDOL

A fyddai'r Gwarchodlu Cartref yng Nghymru wedi gallu gwrthsefyll ymosodiad?

Mae pobl yn aml yn anghytuno

Pryd oedd y tro diwethaf i chi anghytuno â rhywun? Amser egwyl? Amser brecwast? Yr wythnos ddiwethaf? Beth oedd y rheswm am hynny? Ydych chi erioed wedi anghytuno wrth geisio cofio beth a ddywedodd neu beth a wnaeth rhywun yn y gorffennol? Meddyliwch am resymau pam y mae pobl yn anghytuno?

Weithiau mae haneswyr yn anghytuno

Mae pob person, gan eich cynnwys chi, yn unigryw. Mae gwahaniaethau mewn oedran, rhyw, hil, crefydd, gwleidyddiaeth, cyfoeth, addysg a phersonoliaeth yn gwneud i bobl feddwl a gweithredu mewn ffyrdd gwahanol. Mae pob hanesydd yn unigryw hefyd; gall eu cefndir, eu cred a'u hagwedd effeithio ar y ffordd maen nhw'n ymdrin â'r gorffennol ac yn meddwl amdano. O ganlyniad i'r gwahaniaethau hyn gallan nhw ddod i gasgliadau gwahanol ynglyn â digwyddiadau neu bobl y gorffennol.

Ymchwiliodd dau hanesydd, David Carroll ac A.J.P. Taylor, i hanes y Gwarchodlu Cartref ym Mhrydain yn ystod y rhyfel. Daethon nhw i gasgliadau gwahanol ynghylch pa mor ddefnyddiol byddai'r gwarchodlu wedi bod mewn ymosodiad. Yn ei lyfr *Dad's Army: The Home Guard 1940-1944*, death yr hanesydd David Carroll i'r casgliad y byddai'r Gwarchodlu Cartref Prydeinig wedi amddiffyn yn effeithiol yn ystod ymosodiad, ond mae gan A.J.P. Taylor farn wahanol.

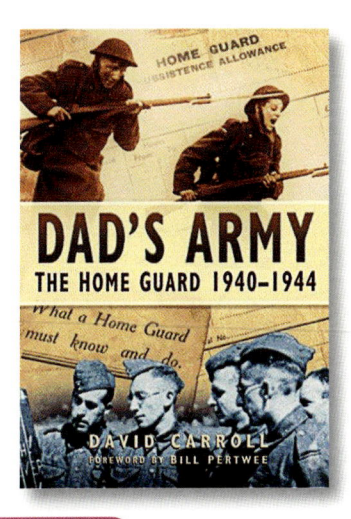

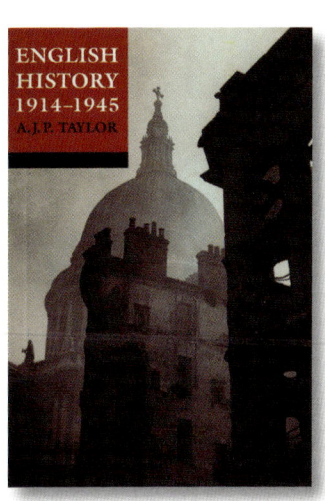

Dehongli Hanes

Cymhwyso gwybodaeth hanesyddol i ddadansoddi, gwerthuso ac asesu'r gwahanol ddehongliadau o ba mor effeithiol oedd y Gwarchodlu Cartref

Ffynhonnell A

> Roedd y Gwarchodlu Cartref yn poeni sifiliaid diniwed er mwyn gweld eu cardiau adnabod, yn codi rhwystrau cyntefig [syml] ar ffyrdd … ac weithiau'n gwneud bomiau o duniau petrol. Mewn ymosodiad gwirioneddol, mae'n debyg y byddai ei aelodau wedi cael eu lladd pob un pe baen nhw wedi llwyddo i ymgynnull o gwbl.

A.J.P. Taylor, hanesydd

Pwy oedd y Gwarchodlu Cartref?

Sefydlwyd y Gwarchodlu Cartref ym Mhrydain ym mis Mai 1940. Roedd yn cynnwys dynion a oedd un ai:

- yn anffit yn gorfforol,
- yn rhy hen (dros 41 oed) neu
- mewn swyddi oedd wedi eu neilltuo (gweithwyr arfau, glowyr, ffermwyr, ac ati) ac o'r herwydd yn methu ymuno â'r fyddin gyffredin.

Nid oedd menywod yn cael ymuno â'r Gwrachodlu Cartref tan 1943.

Beth oedd eu swyddogaeth?

Eu swyddogaeth oedd amddiffyn Prydain rhag ymosodiad. Roedden nhw'n gwarchod ardaloedd lleol megis gorsafoedd pŵer, rheilffyrdd a chyfnewidfeydd teleffon, gan ganiatáu i'r fyddin ganolbwyntio ar ymladd dramor. Credai Churchill hefyd eu bod yn bwysig i gynnal morâl.

Ffynhonnell B

Dywedodd y Prif Weinidog Winston Churchill am y Gwarchodlu Cartref:

'Os daw [y gelyn], bydd yn darganfod … bod dynion cadarn, penderfynol yn barod i ymosod arno ar unwaith a chanddyn nhw un bwriad a phenderfyniad cwbl glir, sef ei ladd!'

Ffynhonnell C

Who do you think you are kidding Mr Hitler?

A fydden nhw wedi bod yn ddefnyddiol mewn ymosodiad?

Ysgrifennodd un sylwebydd yng ngogledd Cymru fod presenoldeb y Gwarchodlu Cartref "wedi cyfrannu'n helaeth at y ffaith galonogol fod y gelyn wedi gwrthod ymosod arnon ni." Yn wir, yn yr Almaen llwyddodd y Volkssturm ('Byddin y Bobl', tebyg i'r Gwarchodlu Cartref) i amddiffyn Berlin yn 1945 tan yr eiliad olaf, gan wneud gwaith byddin Rwsia o gipio'r ddinas yn fwy anodd na'r disgwyl.

Ffynhonnell Ch

'I ddechrau, galwyd hwy [y Gwarchodlu Cartref] yn Wirfoddolwyr Amddiffyn Lleol (*Local Defence Volunteers, LDV*), sef *Look, Duck and Vanish* i'r aelodau. Dim gwisg i ddechrau, dim ond band braich. Roedd uned fy nhad i fod i warchod mynydd anghysbell ... dau ddyn ar y tro ar y mynydd drwy'r nos. Eu gwaith oedd cadw golwg am awyrfilwyr Almaenig ... Pe byddai awyrfilwyr wedi cyrraedd, ni fyddai ganddyn nhw unrhyw fodd o gyfathrebu ac eithrio mynd i lawr i'r pentref agosaf a defnyddio'r blwch ffôn ... Ni ddaeth yr awyrfilwyr Almaenig fyth i'r golwg, a'r unig arwydd a welwyd o ryfel oedd yr awyr goch yn y nos yn y de-orllewin, Abertawe'n llosgi.'

Dyfyniad o *Llandew Home Guard* gan Ian Stone
http://www.bbc.co.uk/ww2peopleswar/stories/33/a6272633.shtml

Ffynhonnell D

Gwarchodlu Cartref Cilfynydd, Morgannwg, 1942

Ffynhonnell Dd

Parêd y Gwarchodlu Cartref drwy St Thomas' Green, Hwlffordd, 1939-45

Ffynhonnell E

EXERCISES: 1942/4

I was shot in the battle of Blackberry Mountain.
   Stabbed in a Skirmish in Hafotty Lane,
Slaughtered in ambushes times beyond countin',
   But always got up to be slaughtered again.

I died in a ditch to please Colonel Llewellin,
   I died on a mountain for Colonel Maclean;
I survived many battles that other men fell in;
   I captured a gas works – and drowned in a drain.

We fought on the beaches (though not on the billow),
   In town and in country, on hill and on plain –
Llanelian, Llandudno, Llandulas, Llandrillo,
   Pentre Foelas, Bryn Euryn, Coed Coch, Bryn-y-maen.

I remember occasions when Sergeant said "Blank you!"
   (Occasions on which I prefer not to dwell).
So now we're dismissed, and the King has said "Thank you",
   I bid my ex-sergeant a Home Guard's Farewell.

                                A.F.E.

Cerdd gan gyn-aelod o'r Gwarchodlu Cartref

Ar 3 Rhagfyr 1944 cafodd y Gwarchodlu Cartref eu rhyddhau o'u dyletswyddau. Ni fyddai'r rhyfel yn Ewrop yn dod i ben am chwe mis arall.

Her Ddysgu

Gwnewch asesiad o'r ddau ddehongliad a dewch i'ch casgliad eich hun gan ddefnyddio'r ffynonellau i'ch helpu.

1. Defnyddiwch y cwestiynau isod i wneud nodiadau dan y pennawd *A fyddai'r Gwarchodlu Cartref yng Nghymru wedi gwrthsefyll ymosodiad?*
   - Yn Ffynhonnell A, beth mae'r hanesydd A.J.P.Taylor yn ei awgrymu oedd prif swyddogaeth y Gwarchodlu Cartref?
   - Yn Ffynhonnell B, beth yw prif swyddogaeth y Gwarchodlu Cartref yn ôl y Prif Weinidog, Winston Churchill?
   - Darllenwch Ffynhonnell Ch. Ym mha ffyrdd mae Ian Stone yn dangos nad oedd y Gwarchodlu Cartref yn cael eu trin mor ddifrifol â'r fyddin swyddogol?
   - Astudiwch a chymharwch Ffynonellau D a Dd. Ellwch chi feddwl am resymau pam roedd cymaint o ddynion ifanc o bentref glofaol Cilfynydd yn perthyn i'r Gwarchodlu Cartref? Ydych chi'n meddwl y byddai oedran wedi effeithio ar eu gallu i amddiffyn Cymru?
   - Cerdd yw Ffynhonnell E. Sawl brwydr a sgarmes y llwyddodd y gŵr hwn i'w goroesi? Pam y bu mewn cymaint ohonyn nhw? Beth ydy neges y gerdd?
   - Efallai eich bod wedi gweld y rhaglen *Dad's Army*. Ydy gwneuthurwyr y rhaglen yn awgrymu y byddai'r uned o'r Gwarchodlu Cartref sy'n cael ei phortreadu wedi bod yn ddefnyddiol mewn ymosodiad?

2. Defnyddiwch eich nodiadau i gwblhau'r diagramau pry cop isod.

Rhesymau pam y gallai'r Gwarchodlu Cartref fod wedi bod yn effeithiol mewn ymosodiad ar Gymru (D. Carroll)

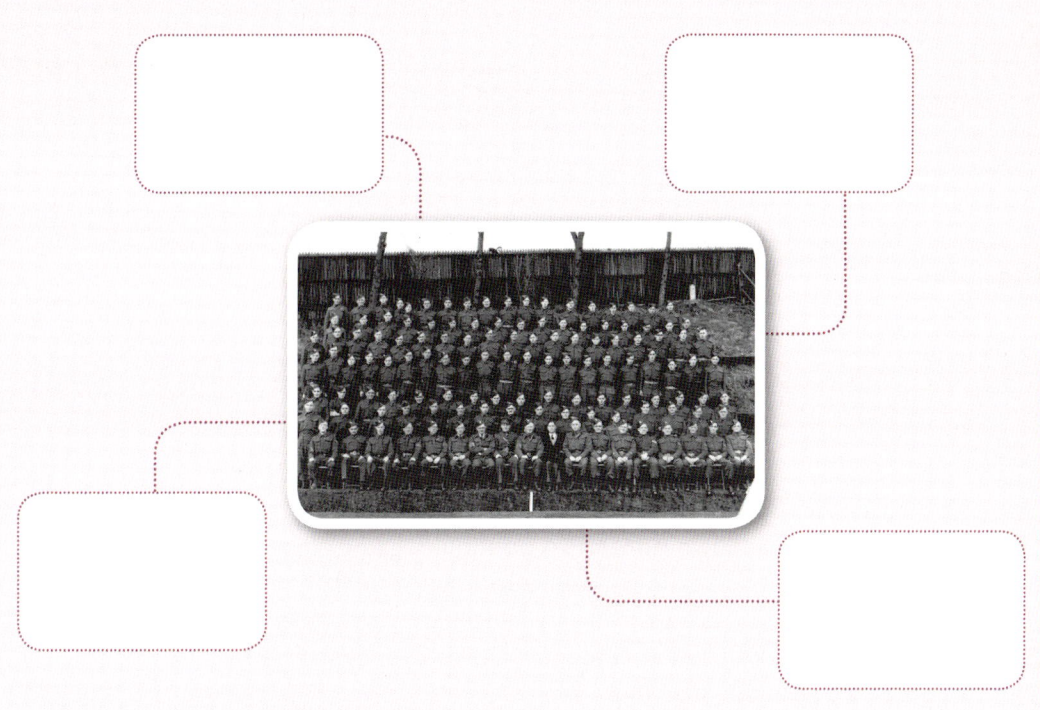

Rhesymau pam na fyddai'r Gwarchodlu Cartref wedi bod yn effeithiol mewn ymosodiad ar Gymru (A.J.P.Taylor)

3. Gyda pha hanesydd (A.J.P. Taylor ynteu D. Carroll) ydych chi'n cytuno fwyaf ynglyn â pha mor effeithiol fyddai'r Gwarchodlu Cartref wedi bod mewn ymosodiad? Eglurwch eich dewis, gan ddefnyddio'r dystiolaeth a astudiwyd ac unrhyw dystiolaeth arall rydych wedi ei darganfod.

4. Ydy pawb yn eich dosbarth wedi dod i'r un casgliad? Beth yw'r rhesymau am y gwahaniaethau? Yn eich barn chi, pam a sut y mae haneswyr yn dehongli'r gorffennol mewn ffyrdd gwahanol?

Ehangu Eich Syniadau

- Ni chafodd Prydain ei goresgyn yn ystod yr Ail Ryfel Byd. Pam mae haneswyr yn meddwl ei bod yn bwysig darganfod a fyddai'r Gwarchodlu Cartref wedi bod yn effeithiol ai peidio?

- Pa gwestiynau, ymchwiliadau neu ymholiadau diddorol eraill ellwch chi feddwl amdanyn nhw gyda golwg ar y Gwarchodlu Cartref?

Dogni

▶ **A oedd dogni yn galedu neu'n newid am y gorau?**

Sut oedd dogni'n gweithio?

Trwy gydol y rhyfel, roedd yr Almaen yn bomio llongau cyflenwi Prydain. Arweiniodd hyn at brinder cyflenwadau: cafodd bwyd, dillad, dodrefn a phetrol eu dogni. Cyflwynwyd dogni cyn gynted ag y cyhoeddwyd y rhyfel yn 1939 oherwydd bu bron i Brydain newynu hyd at ildio yn y Rhyfel Byd Cyntaf. Newidiodd dogni ffordd pobl o fyw. Roedd yn gwneud bywyd yn anodd gan fod yn rhaid i bobl newid eu harferion er mwyn ymdopi, ond mewn rhai ffyrdd roedd yn brofiad cadarnhaol.

Ffynhonnell A

Ciwio y tu allan i'r siop lysiau, Llangollen

- Pa broblemau fyddai treulio amser yn ciwio yn ei olygu i'r bobl ac i ymgyrch y rhyfel.

36

Ffynhonnell B

> Rwy'n meddwl i mi glywed trafodaeth … bod pethau'n well arnon ni yn ystod y rhyfel. Doedden ni ddim yn bwyta'r holl fwydydd trwm hynna. Doedden ni ddim yn llenwi'n boliau â chacennau a bisgedi ac wrth gwrs, mae'n rhaid ein bod yn cael y maeth, yr adeg honno, o fwydydd naturiol yn hytrach na'r holl sothach artiffisial rydyn ni'n ei fwyta ar hyn o bryd.

Mrs Merton – Atgofion merch yn ei harddegau yn ysod yr Ail Ryfel Byd

Ffynhonnell C

Erbyn 1942, roedd dogn wythnosol nodweddiadol i un person yn anterth y dogni yn cynnwys:

- *Cig moch a ham: 4 owns*
- *Cig gwerth 1/- 2d (swllt a dwy geiniog). Doedd selsig ddim yn cael eu dogni. Doedd offal, arennau na threip ddim wedi eu dogni'n wreiddiol*
- *Caws: 2 owns*
- *Margarin: 4 owns*
- *Menyn: 2 owns*
- *Llaeth: 3 pheint*
- *Siwgr: 8 owns*
- *Jam: 1 pwys bob 2 fis*
- *Te: 2 owns (sy'n cyfateb i 15 bag te)*
- *Wyau: 1 wy ffres os ar gael; 1 paced o wy powdr bob pedair wythnos*
- *Melysion: 12 owns o felysion bob pedair wythnos*

Ffynhonnell Ch

Mountain Ash
April 1941

Dear Uncle Dan,

Dad and I have just come in from the garden where we've been digging all morning. We've only two plots of earth, but we're all being urged to grow our own food, because it saves shipping space and next winter, shortages may be serious, so no piece of land must lie idle.

Tomorrow we're going to plant 7 lbs of potatoes and expect them to yield half a cwt. in 14 weeks. We're planting lettuces as well. Flowers, though lovely to look at, take up too much valued space, so no-one plants them now. There's a lot of ploughed land on the mountain slopes, and on the hillsides, rolling tracts of earth have been freshly turned up.

It's wonderful how Mother manages to make our rations last out. Butter, bacon, meat, tea, sugar and fats are all rationed. We usually have porridge or dried egg for breakfast and what we can catch for our next meal. Gone are the joints of beef and the legs of lamb. If you speak nicely to your butcher, you may have some liver or an oxtail, because offal is off the ration. In fact, it's surprising what we find to eat these days!

People ask their butcher to save them a marrow bone. Then, they take it home and boil it to extract the fat, which is then skimmed and used instead of lard for making cake.

Of course, we really are quite used to rationing by now. Everything is issued on a points system, the coupons being in our ration books. Each person is allowed 2 ozs of butter and 4 ozs. of bacon for a week. If anyone calls during five o'clock tea, it's enough to make one laugh to see how uncomfortable they look. They're afraid to touch the butter, because it's on the table separately, (not spread on the bread) each one having his or her own share. Dad got all mixed up at first. He kept forgetting and would keep taking mine. So I had to rush home from school everyday to see justice done! But now, he even gives his share to Mum and me and spreads his bread with margarine or dripping. It's amazing what new recipes are being brought out. We even have grated carrots in our steamed puddings.

The terrible thing at present is the realisation that most of the food we eat is costing the lives of the men who bring it to our shores. The inconveniences we have to put up with are really small compared with that. The more food we can grow at home, the more ships and lives we'll save.

Most parents let the children have their sweet coupons. By now, we're used to seeing the shop windows stacked high with empty chocolate boxes, the contents themselves having long since disappeared. I suppose they have to put something in there, just to cheer the windows up.

We're all being urged to live more simply. Soon, we're told, there'll be no lemons, no grapes, no grapefruit (there are no grapefruit, now:) and all canned fruit imports will be stopped. Eggs, too, are very scarce, and also cheese, but miners and farmers will be sent extra rations of cheese, because they regard it as an essential food, to put with the bread in their Tommy boxes.

Don't worry about us, though, we'll still get enough to eat, but it's a fact that in 1941, the living will be hard. - As I'm writing this, Mum has just heard of some fresh lemons arriving at our corner shop, and I've offered to go and queue for them. Hope I don't have to stand there all morning!

Lots of love
Bobbie

Detholiad o An Ocean Apart: The wartime memories of a Mountain Ash childhood. Mae Roberta Powell yn disgrifio ei phrofiad adeg y rhyfel trwy gyfrwng cyfres o lythyrau at ffrind i'r teulu yng Nghanada.

Simple jobs boys can do themselves—
AND SO HELP WIN THE WAR

Issued by the Board of Trade

ISSUED BY THE BOARD OF TRADE

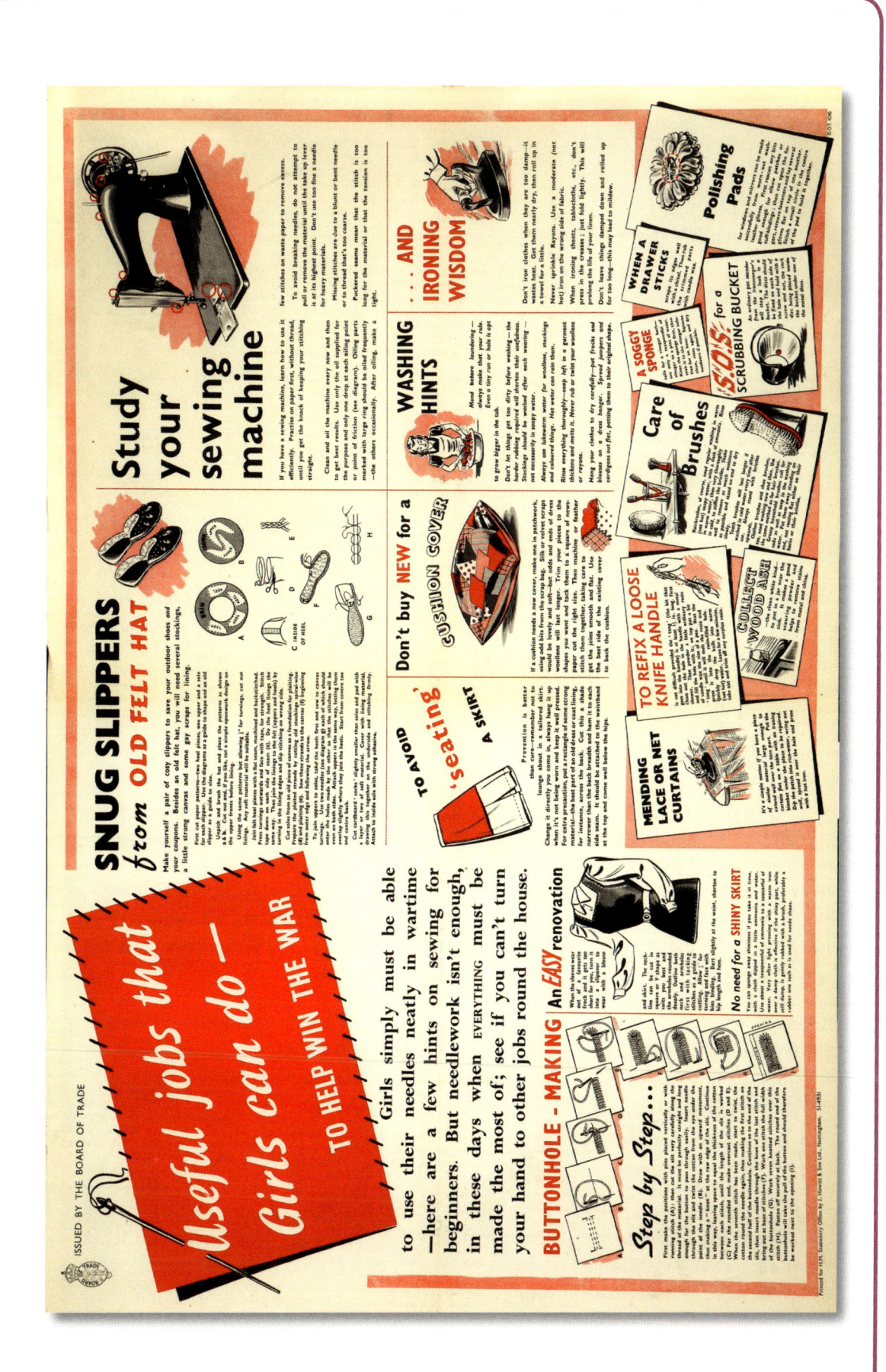

Useful jobs that Girls can do —
TO HELP WIN THE WAR

Girls simply must be able to use their needles neatly in wartime — here are a few hints on sewing for beginners. But needlework isn't enough, in these days when EVERYTHING must be made the most of; see if you can't turn your hand to other jobs round the house.

SNUG SLIPPERS from OLD FELT HAT

Make yourself a pair of cosy slippers to save your outdoor shoes and your coupons. Besides an old felt hat, you will need several stockings, a little strong canvas and some gay scraps for lining.

First cut paper patterns—two heel and two upper pieces and one insole for each slipper as a guide to size.

Unpick and brush the hat well and place the patterns as shown at A & B. Cut out and, if you like, cut a simple openwork design on the upper fronts before lining.

Using the same patterns, but allowing ½" for turnings, cut out linings. Any soft material will be suitable.

Join felt heel pieces with a flat seam, machined and backstitched. From turnings turn needle and face with tape, bias binding. Both tape down on each side of seam (C). Do the heel lining the same way. Then join the linings to the felt (uppers and heels) by turning in the lining edges and slipstitching on the wrong side.

Cut soles from an old piece of canvas as a foundation for plaiting. Prepare the plaited strands by cutting old stockings spiral-wise (d) and plaiting (e). See these curled to the canvas (f) beginning from outer edge and following the arrow.

To join plaits to soles, use a back-stitched seam through all layers of turnings.

Use two needles (see diagram g) each of which slide under the hole in sides, as that the stitches will be even on both sides. Attach uppers in the same way, leaving sufficient overlap slightly where they join the heels. Start from centre toe and work round.

Cut cardboard 'socks'— slightly smaller than soles and pad with a layer or two of soft material. Cover with lining material, drawing this together on the underside and stitching firmly. Attach to inside sole with strong adhesive.

Study your sewing machine

If you have a sewing machine, learn how to use it efficiently. Practice on paper first, without thread, until you get the knack of keeping your stitching straight.

Clean and oil the machine every now and then to get best results. Use only the oil supplied for the purpose and only one drop at each oiling point or point of friction (see diagram). Oiling parts marked with large ring should be oiled frequently — the others occasionally. After oiling, make a few stitches on waste paper to remove excess.

To avoid breaking needles, do not attempt to pull or remove the material until the take-up lever is at its highest point. Don't use too fine a needle for heavy materials.

Missing stitches are due to a blunt or bent needle or to thread that's too coarse.

Puckered seams mean that the stitch is too long for the material or that the tension is too tight.

TO AVOID 'seating' A SKIRT

Prevention is better than cure—remember not to lounge about in a tailored skirt. Change it directly you come in, and stuff the dress material—the best part of an old dress or coat lining, for instance, is the top. Cut this a slight narrower than the back breadth and hem it to each side seam. It should be attached to the waistband at the top and come well below the hips.

Don't buy NEW for a CUSHION COVER

If a cushion needs a new cover, make one in patchwork, using odd bits from the scrap bag. Silk or velvet scraps would be lovely and soft—but odds and ends of dress woollens will last longer. Trim your pieces to the shapes you want and tack them to a square of newspaper cut to the right size. Then machine or feather stitch them together, taking care to get the joins even and flat. Cut the paper away from the best side of the existing cover to back the cushion.

WASHING HINTS

Mend before laundering — always make that your rule. Even a tiny run or hole is apt to grow bigger in the tub.

Don't let things get too dirty before washing — the harder rubbing required will shorten their usefulness. Stockings should be washed after each wearing — not necessarily in soapy water.

Always use lukewarm water for woollens, stockings and coloured things. Hot water can ruin them.

Rinse everything thoroughly—soap left in a garment thickens and rots it. Never rub or twist your woollens or rayons.

Hang your clothes to dry carefully—put frocks and blouses on a dress hanger. Spread jumpers and cardigans out flat, putting them to their original shape.

...AND IRONING WISDOM

Don't iron clothes when they are too damp—it wastes heat. Get them nearly dry, then roll up in a towel for a little.

Never sprinkle Rayons. Use a moderate (not hot) iron on the wrong side of silks.

When ironing sheets, tablecloths, etc., don't press the creases in, just fold lightly. This will prolong the life of your linen.

Don't leave things damped down and rolled up for too long—this may lead to mildew.

BUTTONHOLE - MAKING An EASY renovation

Step by Step...

First make two positions with pins placed vertically or with running stitch (A); then cut the slit very carefully along the thread of the material. It must be perfectly straight or long enough for the button to slip through easily. Thread a needle through the slit and twist the cotton from the eye under the point of the needle (B). Draw the needle through, pulling the cotton tight so that a knot is formed at the top edge of the slit. Continue in this way, leaving space to equal the thickness of the cotton between each stitch, until the slit is filled with buttonhole stitches all along one side. When the seventh stitch has been made, start to twist. Cotton round itself of the buttonhole, Continue on to the end of the slit, oil, then insert needle through the knot of the first stitch and out through the buttonhole (G). Work seven knotted stitches over the bar and secure the cotton at the back. The round end of the buttonhole is worked neatly at each button and should therefore be worked next to the opening (E).

No need for a SHINY SKIRT

You can sponge away shininess if you take it in time, with a cloth dipped in a little ammonia and water. Use enough to saturate the cloth, and wring out in a basin of water. Very often light pressing with a warm iron over a damp cloth is effective if the shiny part, while still damp, is rubbed with a brush. Brushing preferably a rubber one such as is used for suede shoes.

MENDING LACE OR NET CURTAINS

TO REFIX A LOOSE KNIFE HANDLE

COLLECT WOOD ASH

Care of Brushes

WHEN A DRAWER STICKS

S.O.S. for a SOGGY SPONGE

SCRUBBING BUCKET

Polishing Pads

Roedd ffrwythau ffres yn hynod o anodd eu cael ac roedd llawer o blant yn tyfu i fyny heb flasu na gweld rhai ffrwythau. Weithiau byddai mamau'n berwi pannas ac yn ychwanegu rhinflas banana atyn nhw i geisio darbwyllo eu plant mai bananas oedden nhw. Roedd awgrymiadau fel hyn yn cael eu rhannu yn ystod cyfarfodydd marched i helpu 'clytio a thrwsio'.

Roedd system bwyntiau yn caniatáu i bobl brynu un set o ddillad newydd unwaith y flwyddyn! Roedd dogni dillad yn fwy anodd yn achos plant gan eu bod yn tyfu mor gyflym.

Ffynhonnell Dd

Pwyntiau oedd eu hangen i brynu dillad plant

| Côt: 7 cwpon | Cardigan: 5 cwpon | Trowsus: 6 chwpon |
| Esgidiau: 6 chwpon | Ffrog: 5 cwpon | Sgert: 4 cwpon |

Anogwyd plant i helpu i 'glytio a thrwsio'. Ymddangosodd hysbyseion fel y rhai yn Ffynhonnell D mewn cylchgronau adeg y rhyfel.

Oedd dogni'n deg i bawb?

Doedd dogni ddim yn golygu'r un peth i bawb drwy Gymru. Roedd rhai pobl yn meddwl bod dogni bwyd yn annheg iawn.

- Gallai pobl oedd yn byw mewn ardaloedd gwledig, neu bobl â gerddi mawr, gadw moch ac ieir;
- Gellid cael wyau, menyn a chig yn weddol rwydd, heb gwponau, mewn ardaloedd amaethyddol;
- Yn y trefi, os oeddech chi'n gyfeillgar â chigydd neu groser, efallai y byddech yn dod ar draws nwyddau ychwanegol yn eich basged siopa;
- Gallai pobl gyfoethog fforddio prynu unrhyw beth a fynnen nhw ar y farchnad ddu.

Defnyddiodd y llywodraeth bropaganda i ddatgan bod y farchnad ddu yn anwlatgarol. Roedd yna ddirwyon a dedfrydau o garchar am ddarparu neu brynu nwyddau marchnad ddu. Fodd bynnag, ychydig iawn o wahaniaeth oedd hyn yn ei wneud gan fod pobl yn cael gafael ar yr hyn allen nhw pan ddeuai'r cyfle.

Pan fo'r llywodraeth yn dogni, cyfyngu neu'n codi trethi uchel ar nwyddau y mae ar y cyhoedd eu heisiau neu hyd yn oed yn eu gwahardd, mae troseddwyr yn gweld hyn fel cyfle i wneud arian trwy werthu nwyddau ar y farchnad ddu. Ellwch chi feddwl am enghreifftiau o hyn heddiw neu yn y gorffennol?

Ffynhonnell E

… arferai mam ddefnyddio dognau a gâi ar y farchnad ddu i wneud ei thaffi triog a'i melysion ei hun. (Cafodd ei dal yn y diwedd, ond cafodd ei rhyddhau gan fod yr ynad heddwch yn un o'i chwsmeriaid.) Ar y pryd, roedd hi'n rhedeg caffi yn Llandulas, gogledd Cymru, felly roedden ni'n cael cyflenwadau bwyd ychwanegol ar gyfer hwnnw hefyd …

Yr unig brinder oedd i'w weld yn effeithio arnon ni blant oedd dillad, a threuliais y rhan fwyaf o'r haf yn droednoeth er mwyn cadw'r esgidiau at y gaeaf …

Haydn, Bae Colwyn

Ffynhonnell F

Petrol by False Pretence Charge

"I Misunderstood the Questions"

A case, believed to be the first of its kind in the country, of attempting to obtain from the divisional petroleum office by false pretences a coupon for the supply of motor spirit, was heard at Bridgend Police-court on Tuesday.

Walter William Worth, aged 44, of Nicholls-avenue, Porthcawl, and formerly of Sunnyside-road, Bridgend, a foreman engaged at a Bridgend factory, pleaded guilty and was fined £15 out of which the magistrates allowed £6 6s. costs to the prosecution.

Mr. Edward C. Jones, who prosecuted on behalf of the Director of Public Prosecutions, said that under the Petrol Rationing Scheme it was necessary to make application to the Divisional Petroleum Office for extra petrol, and on October 11 Worth, who was then living in Bridgend, made an application for 30 gallons a month. He said he wanted it for the purpose of going to work and also going from one job to another. That application was granted. On October 19 he made another application giving a mileage of 1,500 a month.

A CERTIFICATE

The Petroleum Officer asked Worth for a certificate from his employers that the figure mentioned was correct. In due course a certificate was received which read: "This is to certify that the mileage which my foreman has stated on the form which he sent for extra petrol is correct, and as regards the means of transport available there is none, because he is called from one job to another at a minute's notice as we are short of skilled foremen owing to so many men being called up. Trusting this explains matters.—I am, yours faithfully, R. Williams, engineer-in-charge."

The Petroleum Officer made inquiries but was unable to trace who signed the certificate, and when interviewed by Detective-sergeant T. J. Williams Worth said that on his first application he received 26 gallons in addition to the five allowed for his car. He could see he was running short, so he applied for more. When the Petroleum Officer asked for a certificate he had to think of something, so he asked an Irishman into his office, gave him some paper, and told him what to write. He did not know the Irishman's name and had not seen him since.

HAD TO DO SOMETHING

In another statement later on he declared, "I said the letter had been written by an Irish labourer. I want to tell you I was in a jam for petrol and had to do something. I wrote the letter myself and signed it 'R. Williams.' I am very sorry."

Mr. E. C. Jones said the prosecution regarded it as a most flagrant attempt to deceive the Petroleum Officer.

Worth told the magistrates, "The only explanation I want to make is that I misunderstood the questions in asking for supplementary petrol. I know I have done wrong; I realise it."

The Clerk (Mr. David Llewellyn): If you wanted extra petrol to carry out your duties you are asked to furnish a certificate by your employers. The case is that you got a fictitious person to sign himself as the engineer-in-charge in support of your application.

Worth: I was in charge of other people with motor-bicycles who asked me to make out certificates. I have done so and they have had petrol supplied to them.

Inspector T. Beale said Worth was a single man earning about £6 a week. He had not been in trouble before.

The Chairman (Mr. Llewellyn Jones) said the bench looked upon it as a very serious offence and Worth should have known better.

Erthygl o'r Western Mail, *Ionawr 1940*

Ffynhonnell Ff

Swansea Valley Butter Frauds

Ystradgynlais magistrates imposed fines totalling £6 on a Swansea man on three summonses for fraudulently altering butter and margarine permits. Defendant who pleaded guilty was ordered to pay £1 1s. advocate's fee and £1 witnesses' costs.

Mr. William H. G. Jeffreys, food executive officer, for the prosecution said that by altering the permits the Swansea man received 55lb. of butter and margarine to which he was not entitled.

The Swansea man was alleged to have told and enforcement inspector that he did not have sufficient supplies for evacuees who had arrived in the district. Mr. Jeffreys pointed out that defendant was given permits in respect of the evacuees.

Erthygl o'r South Wales Evening Post, *Chwefror 1941*

Ni ddaeth dogni i ben gyda'r rhyfel. Cymerodd flynyddoedd cyn i'r wlad gael ei hailgodi a chyn i fywyd fynd yn ôl i drefn unwaith eto. Roedd rhai pethau fel melysion yn dal i gael eu dogni yn 1953.

Meddwl a Dysgu

1. Astudiwch Ffynonellau A–C.
   a) Ellwch chi egluro pam roedd deiet pobl yn fwy iach a chytbwys o ganlyniad i'r dogni?
   b) Ellwch chi feddwl am unrhyw resymau eraill pam roedd deiet pobl yn well yn ystod y rhyfel nag yn ystod blynyddoed dirwasgiad yr 1930au?

2. Darllenwch Ffynhonnell Ch yn ofalus.
   a) Gwnewch restr o'r newidiadau y nododd Bobbie ei bod hi a'i chymuned wedi'u gwneud er mwyn ymdopi â dogni. (Meddyliwch sut roedden nhw'n cael bwyd, beth oedden nhw'n ei fwyta a sut roedden nhw'n ei drefnu.)
   b) Yn eich barn chi, pa newidiadau a gafodd yr effaith fwyaf a pham?

3. Edrychwch ar Ffynhonnell D.
   a) Pa swyddi fyddai'n cael eu rhoi i fechgyn a pha rai i ferched?
   b) Beth mae'r hysbysebion hyn yn ei ddweud wrthych am fywyd a chymdeithas yn ystod y cyfnod hwn mewn hanes?

4. Astudiwch Ffynhonnell Dd.
   a) Meddyliwch am eich dillad chi adre. Dychmygwch eich bod yn pacio i fynd i ymweld â ffrind neu berthynas am y penwythnos. Rhestrwch sawl côt, esgid, trowsus ac ati y byddech yn eu cynnwys.
   b) Sawl cwpon y byddai hyn wedi ei gostio i chi eu prynu yn ystod dogni?

5. Darllenwch Ffynonellau E, F ac Ff.
   a) Defnyddiwch y tair ffynhonnell i esbonio sut roedd rhai pobl yn ceisio osgoi dogni.
   b) Yn eich barn chi, pam na weithiodd ymgyrch bropaganda'r llywodraeth i berswadio pobl i beidio â defnyddio'r farchnad ddu?
   c) Beth mae hyn yn ei ddangos ynglyn â llwyddiant propaganda?

6. Dod i gasgliad
   Ar ôl pwyso a mesur yr holl dystiolaeth rydych wedi ei darganfod am ddogni, ydych chi'n meddwl bod dogni yn galedi neu'n newid am y gorau? Rhowch ateb llawn gan ddefnyddio enghreifftiau i esbonio.

Ehangu eich Syniadau

Pa wersi allwn ni eu dysgu o'r profiad o ddogni a fyddai'n ddefnyddiol heddiw (e.e. meddyliwch am ddatblygiad cynaliadwy)?

Bomio

▶ **Sut oedd pobl yn ceisio amddiffyn eu hunain rhag y bomio?**

Pa broblemau fyddai'r blacowt wedi eu hachosi?

Roedd Prydain mewn blacowt trwy gydol y rhyfel, gan y gallai golau arwain bomiau'r gelyn. Doedd llygedyn o olau trwy lenni, prif lampau ceir, na hyd yn oed dân coch sigaréts ddim yn cael eu caniatáu.

Rhestrwch y problemau y byddai pobl yng Nghymru wedi eu hwynebu yn ystod y blacowt.

Ffynhonnell A

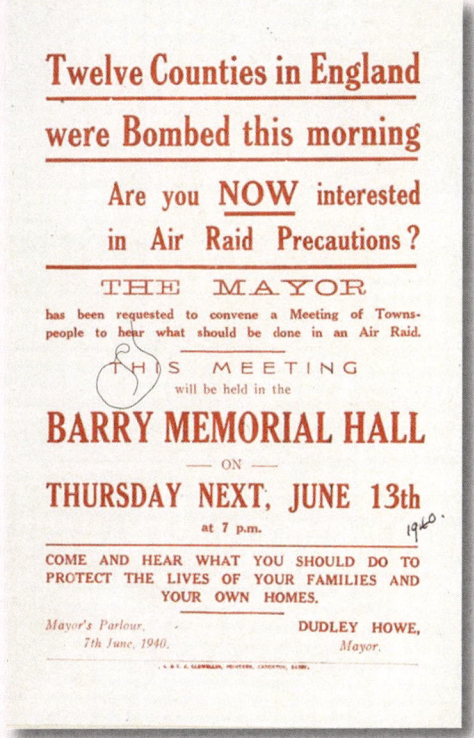

Poster i annog pobl i baratoi o ddifrif ar gyfer y bomio

Ffynhonnell B

Wardeiniaid ARP

Swydd y warden rhagofalon cyrchoedd awyr (*air raid precaution* – ARP) oedd sicrhau bod pobl yn dilyn gorchmynion y llywodraeth, megis y blacowt. Yn aml, roedd hyn yn eu gwneud yn amhoblogaidd.

Roedd y rhan fwyaf o bobl yn ofalus wrth gydymffurfio â'r blacowt ac yn defnyddio bylbiau golau a goleuadau ceir arbennig.

Ffynhonnell C

Bwlb golau o'r Ail Ryfel Byd

Ffynhonnell Ch

Gorchudd golau car o'r Ail Ryfel Byd

Ffynhonnell D

NEW ORDER
RESTRICTING
LIGHTING

A new Order governing the restrictions on lighting has been made by the Minister of Home Security.

It makes compulsory the use of ARP headlamp masks, and requires that new lamps shall be carried 3 foot 6 inches above the ground.

The light from torches and hand lamps must be white. It must be dimmed by 2 pieces of tissue paper or the equivalent, and must always be directed downwards.

When a batch of offenders against the black-out regulations were fined £2 each at Llanelly on Wednesday Superintendent W. Prothero said that to display light at any time during the black-out was serious but to do so after the warning siren had been sounded was extremely grave.

Addressing one of the offenders the presiding magistrate (Mr. David Williams) said, "There should be no need of any warning on this point. By displaying a light during the black-out you are offering a target to the enemy and are a danger to the whole neighbourhood."

Erthygl o'r Western Mail, *Gorffennaf 1940*

Roedd yr heddlu yn barod i wneud esiampl o bobl nad oedden nhw'n dilyn rheoliadau adeg rhyfel, e.e. erlynwyd tri deg o breswylwyr Penrhiw-ceiber am beidio â diffodd goleuadau dan y Gorchymyn Cyfyngu Goleuadau mewn Argyfwng. Roedd troseddwyr yn agored i dri mis o garchar, dirwy neu'r ddau.

I rai pobl, roedd y blacowt yn fwy o broblem na bomiau'r Almaen.

Ffynhonnell Dd

1,130 Killed on Roads in First Month of Black-out

Capt. EUAN WALLACE (Minister of Transport), replying to Sir Frank Sanderson (C., Ealing) in the House of Commons on Wednesday, said the number of persons reported to have died during September as the result of road accidents in Great Britain was 1,130, compared with 554 in September, 1938.

Information as to the number of injuries was not available.

The Government viewed the increase in deaths on the road with deep concern. Since the first date of the emergency efforts had been made to secure the maximum possible safety on the roads, consistent with the over-riding demand for defence against attack from the air.

STREET LIGHTING

Such measures included the relaxation of head lighting restrictions, compulsory rear lights for cyclists, the use of night torches by pedestrians, and the provision of large-scale aids to movement by extra marking of roads, kerbstones, and pedestrian crossings.

Experiments had recently been conducted with the view of mitigating the difficulties due to lack of street lighting. They had not so far met with success from the point of view of concealing objectives from aircraft.

He appealed to drivers of motor vehicles to recognise the need for a general and substantial reduction of speed under black-out conditions.

The black-out must remain an essential part of our defence measures and any beneficial effect which a relaxation would have on road accidents had to be set against an increased exposure to the risk of heavy casualties from air-raids.

Mr. A. JENKINS (Soc., Pontypool): Is it not a fact that in Paris 50 per cent. of the street lamps are lighted every night at the present time, and will he not permit some relaxation of the restrictions on lighting?

Capt. WALLACE: That is a general question which should be addressed to the Minister for Home Security.

BLACK-OUT ESSENTIAL

Replying to Mr. Ben Smith (Soc., Rotherhithe), Capt. WALLACE said there was no suggestion for alleviating the conditions that he would not willingly examine. He was not throwing the blame on the motor-drivers, particularly the drivers of public service vehicles.

"I think the House will agree that in present conditions the black-out is essential, and I must appeal to all drivers of every vehicle to do what they can to minimise the casualties," he added.

"If there are any cases in which adherence to an exceedingly severe schedule makes it difficult for drivers to drive carefully I am perfectly willing to consider any such individual cases, and I am sure that the companies concerned will be equally willing to do so."

Erthygl o'r Western Mail, *Hydref 1939*

Meddwl a dysgu

1. Sut mae'r poster yn Ffynhonnell A yn annog pobl i gymryd ARP o ddifrif?
2. Edrychwch ar y llinell amser ar dudalennau 16-17. Beth oedd yn digwydd ym Mehefin 1940?
3. Cymharwch y wybodaeth yn Ffynonellau D a Dd a'r ffigurau am nifer y bobl a anafwyd yn ystod y bomio ar dudalen 53.
    a) Ydy'r ffigurau'n ymddangos fel pe baen nhw'n cytuno neu'n anghytuno â'r gosodiad 'roedd y blacowt yn fwy o broblem na bomiau'r Almaen'?
    b) Beth ddylech chi ei ystyried wrth ddefnyddio a chymharu ystadegau fel tystiolaeth hanesyddol?
    c) Pam y byddai'n anghywir cymharu'r ffigurau hyn yn unig?

Pa amddiffyniadau eraill oedd ar gael rhag y bomiau?

Aildrefnwch y geiriau hyn i gydweddu â'r lluniau sy'n dangos dulliau o amddiffyn.

1. Gwn
2. Balŵn
3. Lloches
4. Lloches
5. Mwgwd

i) amddiffyn
ii) Anderson
iii) gwrthawyrennol
iv) nwy
v) Morrison

a

b

c

ch

d

46

Meddwl a Dysgu

Astudiwch luniau **a** i **d**
1. Wrth edrych ar bob llun, ystyriwch y canlynol:
    a) Sut yr oedd hwn i fod i amddiffyn pobl?
    b) Pa mor effeithiol ydoedd, yn eich barn chi?
2. Rhestrwch dri o'r dulliau amddiffyn yn ôl trefn pa un fyddai'n eich amddiffyn orau. Esboniwch eich dewisiadau.
3. Pa negeseuon mae gwneuthurwyr y lluniau yn ceisio eu cyfleu yn y delweddau? Pa gapsiwn fyddech chi'n ei roi gyda phob un mewn papur newydd?

Roedd milwyr yn y Rhyfel Byd Cyntaf wedi dioddef ymosodiadau nwy ac roedd pobl yn ofni y byddai'r Luftwaffe yn gollwng nwy yn ogystal â ffrwydron. Roedd gan bawb, hyd yn oed babanod, fwgwd nwy, ac roedd yn rhaid ei gario i bobman. Fodd bynnag, diolch am hynny, ni ddefnyddiwyd nwy yn ystod yr Ail Ryfel Byd.

Adolygu a myfyrio ar sut y gwnaeth paratoi ar gyfer y Blitz newid bywyd yng Nghymru

Yn ystod y Rhyfel Ffug (Medi 1939-Mai 1940) ychydig o ymladd a gafwyd ac ni fu bomio o gwbl. Er hynny, newidiodd bywyd o'r funud y cyhoeddwyd y rhyfel.

Roedd blacowts, mygydau nwy, dogni, llochesi, balwnau amddiffyn, gynnau gwrthawyrennol, wardeiniaid ARP a'r Gwarchodlu Cartref i gyd wedi newid bywydau pobl.
- Pa dri o'r rhain achosodd y newid mwyaf?
- Pa dri achosodd y newid lleiaf?
- Ysgrifennwch hwy ar y diemwnt hwn yn ôl trefn pwysigrwydd; byddwch yn barod i egluro'ch dewisiadau.

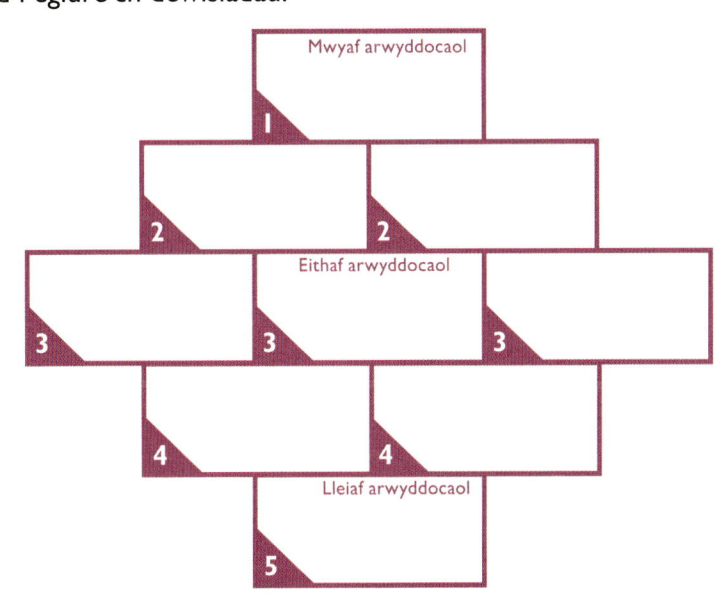

```
              Mwyaf arwyddocaol
                     1
              2             2
         3         Eithaf         3
                arwyddocaol
              4             4
              Lleiaf arwyddocaol
                     5
```

Ehangu Eich Syniadau

Dewiswch weithgaredd i ddangos eich dealltwriaeth o'r prif newidiadau. Naill ai
i) ysgrifennwch ddrama fer, lle mae'r cymeriadau'n egluro, yn trafod ac o bosib yn cwyno am y newidiadau *neu*
ii) lluniwch esboniad ysgrifenedig manwl o'r newid a'i ddarlunio. Dylech gynnwys yr holl bwyntiau ar eich diemwnt gan dynnu sylw at y rhai pwysicaf yn eich barn chi.

47

C CWESTIWN ALLWEDDOL

Sut brofiad oedd byw yn ystod y bomio?

Ffynhonnell A

Abertawe ar ôl y bomio

(College Street and High Street junction, looking West.)

Ymchwiliad Hanesyddol

Dethol, crynhoi, cofnodi a gwerthuso gwybodaeth o ystod o ffynonellau hanesyddol er mwyn dod i gasgliad rhesymegol

Dychmygwch ddod allan o loches Anderson i weld yr olygfa uchod.
- Tynnwch lun bach o'ch wyneb a'i roi yn y llun.
- Nodwch yr hyn y byddai eich synhwyrau yn ei brofi.
- Trafodwch hyn gyda gweddill y dosbarth.

Sut mae'n edrych	Sut mae'n teimlo
Sut mae'n swnio	Sut mae'n arogli

Ym mis Medi 1939 roedd Cymru wedi ei dynodi fel ardal ddiogel ar gyfer faciwîs. Fodd bynnag, nid felly y bu. Targedodd y Luftwaffe borthladdoedd a threfi pwysig yng Nghymru, a oedd yn chwarae rhan hanfodol yn y gwaith o ddosbarthu arfau, milwyr ac adnoddau. Cafodd rhai ardaloedd gwledig yng Nghymru eu bomio hefyd wrth i beilotiaid Almaenig ollwng gweddillion eu bomiau arnyn nhw ar ôl bomio Lerpwl, Manceinion a Birmingham. Ceisiai'r bobl gyffredin barhau eu dyletswyddau bob dydd yn erbyn cefndir o fomiau, dinistr a marwolaeth.

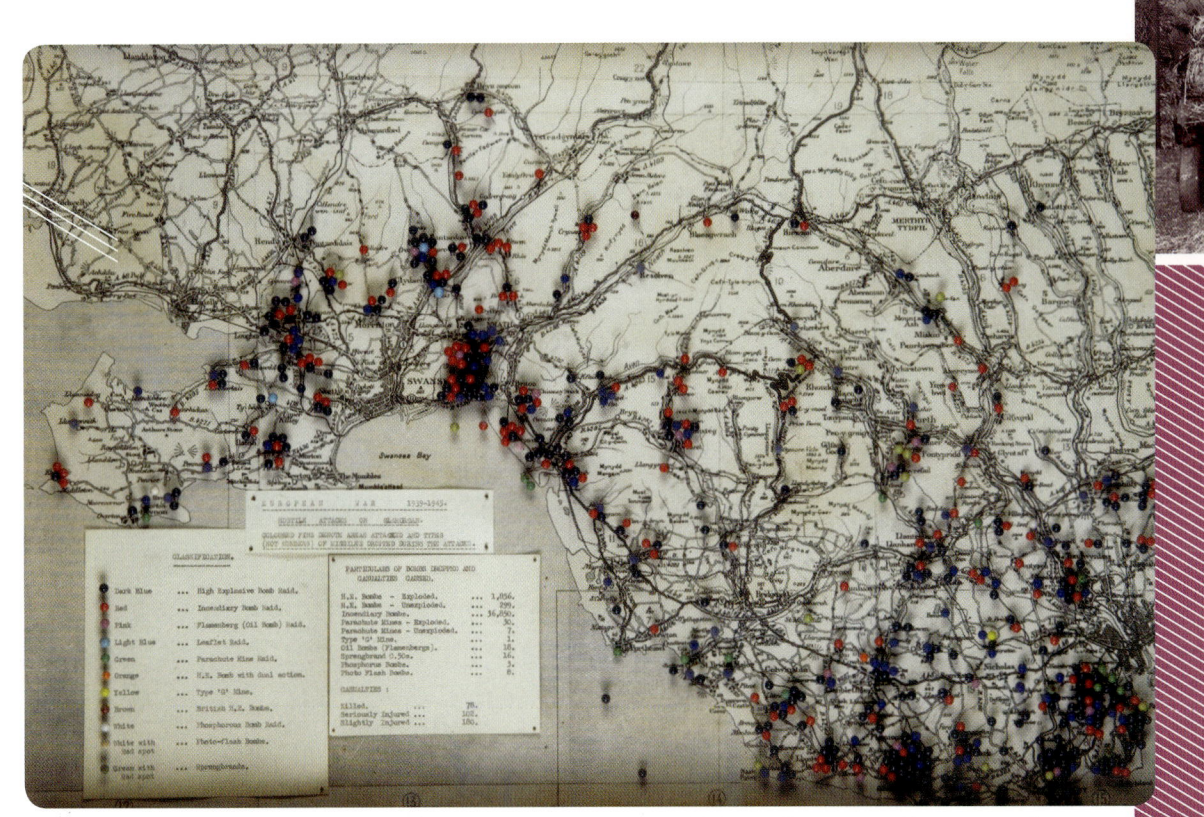

Map o Sir Forgannwg, yn dangos y safleoedd lle cafodd y gwahanol fathau o fomiau eu gollwng yn ystod yr Ail Ryfel Byd. Mae'r piniau lliw yn dangos gwahanol mathau o fomiau. Sylwch ar y crynodiad o fomiau o gwmpas y dociau a'r ardaloedd diwydiannol.

Mae'r ffynonellau canlynol yn canolbwyntio ar brofiadau Abertawe, a gafodd ei fomio'n drwm gan yr Almaenwyr ym mis Chwefror 1941.

Ffynhonnell B

Dyddiadur Nora Sandin 1941

Roedd Nora Sandin yn wniadwarig oedd yn byw yn Sgeti, Abertawe yn ystod yr Ail Ryfel Byd. Mae dyddiadur Nora yn rhoi hanes uniongyrchol o Flitz Abertawe ym mis Chwefror 1941

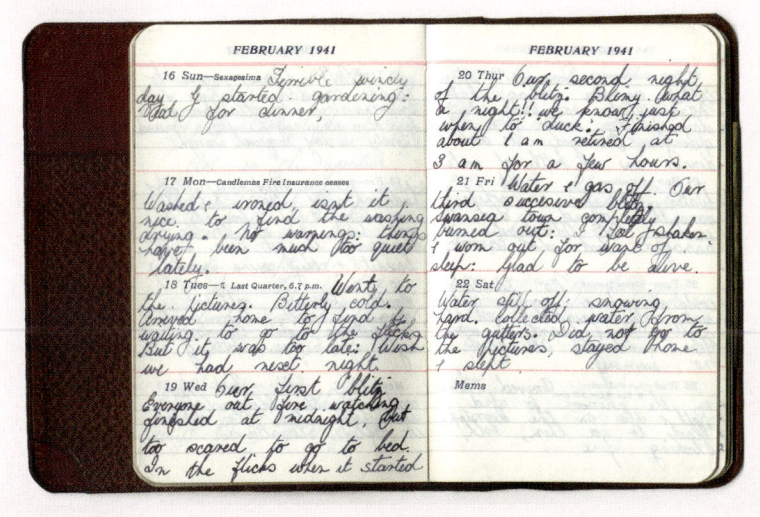

'**19 Mercher** – Ein 'blitz' cyntaf. Pawb allan yn gwylio am danau, gorffen am hanner nos, ond yn rhy ofnus i fynd i'r gwely. Yn y pictiwrs [sinema] pan ddechreuodd.

20 Iau – Ein hail noson o'r blitz. Mawredd, am noson! Rydyn ni'n gwybod yn union pryd i 'ddowcio'. Gorffen tua 1am, mynd i gysgu am 3am am ychydig oriau.

21 Gwener – Dŵr + nwy i ffwrdd. Ein trydydd blitz yn olynol. Tref Abertawe wedi ei llosgi'n llwyr: dwi'n teimlo'n sigledig + wedi blino'n lân oherwydd diffyg cwsg: Falch o fod yn fyw.'

49

Ffynhonnell C

Abertawe ar ôl y bomio

Ar ôl tair noson o fomio, diffyg cwsg, llochesi cyfyng a byw mewn ofn, fyddech chi'n disgwyl mynd i'r gwaith neu'r ysgol y diwrnod wedyn?

Ffynhonnell Ch

Adroddiad dyddiol am sefyllfa y Luftwaffe. Abertawe 19/20/21/22 Chwef. 1941

Anfonwyd 184 awyren dros gyfnod o bedwar diwrnod. Yn y rhan fwyaf o achosion, roedd y bomio'n cael ei wneud yn ôl golwg o'r tir, ond defnydd dulliau radio. Roedd 7 ardal dân yng Ngorllewin y dref a 20 o danau llai dros ardaloedd canol y dref. Canlyniadau da. Syrthiodd pedair awyren. Rhoddodd 3 y gorau iddi.

Ffynhonnell D

***South Wales Evening Post*, 20 Chwefror 1941**

'Raiders Get Warm Reception. Two Nazi Bombers Down. Many bombs fell in the Sea'

Ffynhonnell Dd

Churchill yn ymweld ag Abertawe

Ymwelodd y Prif Weinidog, Winston Churchill ag Abertawe. Safodd yn Milton Terrace, un o'r strydoedd a ddioddefodd fwyaf, i weld y difrod â'i lygaid ei hun.

Ffynhonnell E

'Ble mae eich gwr?' gofynnwyd i wraig yn Abertawe adeg y bomio mawr ym mis Chwefror 1941. 'Mae e yn y fyddin, y cachgi', atebodd hithau.

Dyfyniad o *Hanes Cymru* gan John Davies

Ffynhonnell F

Roedd adroddiad gan y Weinyddiaeth Ddiogelwch yn disgrifio effeithiau'r bomio yn Abertawe:

'Er nad yw'n dinistrio prif amcanion milwrol yr ardal, mae'n amharu ar system fasnach a dosbarthu'r dref a, thrwy ei effaith ar fywyd cymunedol porthladd pwysig, mae'n effeithio ar y wlad yn ei chyfanrwydd.'

Meddwl a Dysgu

1. Edrychwch ar ddyddiadur Nora Sandin.
   - Pam mae'r math hwn o dystiolaeth yn ddefnyddiol?
   - A oes rhesymau pam na fyddai'r ffynhonnell hon yn ddefnyddiol?

2. Nawr cymharwch ffynonellau Ch a D.
   - Sut mae'r adroddiadau am yr un ymosodiadau yn gwahaniaethu?
   - Oes yna unrhyw elfennau tebyg?
   - Rhowch resymau i egluro'r gwahaniaethau.

3. Astudiwch Ffynhonnell Dd.
   - Pam y daeth Churchill i Abertawe?

51

4. Darllenwch Ffynhonnell E, ac yna edrychwch yn ôl ar brofiadau milwyr Cymreig ym mhennod 2.
   - Beth sy'n rhyfedd ynglyn â'r sylw 'Mae e yn y fyddin, y cachgi'?
   - Pa resymau ellwch chi eu hawgrymu am sylwadau'r wraig?
   - Beth mae'r sylw hwn yn ei ddweud am agweddau ar y pryd?

5. Yn ôl ffynhonnell F, wnaeth y bomiau ddim niweidio gallu Abertawe i helpu yn y rhyfel, ond cafodd effaith ar ymdrech ryfel y dref drwy roi ysgytwad i'r bobl.
   - Pa mor ddibynadwy ydy'r ffynhonnell hon gan y llywodraeth ar gyfer asesu dylanwad y bomio? Rhowch farc allan o ddeg iddi ac yna eglurwch eich ateb.
   - **Meddyliwch**: Sut y byddai'r awdur yn gwybod am effaith y bomio? A fyddai ganddo unrhyw reswm dros beidio â chofnodi'r gwir? Ydy'r adroddiad yn ymddangos fel petai wedi ei orliwio, neu'n hynod o un-ochrog?

0/10 Cwbl annibynadwy ←——→ 10/10 Cwbl ddibynadwy

6. Edrychwch yn ôl ar yr holl ffynonellau. Pa dair ffynhonnell fyddech chi'n dweud ydy'r rhai mwyaf defnyddiol i'ch helpu i ddeall sut brofiad oedd byw yn ystod y bomio? Pa dair ffynhonnell ydy'r rhai lleiaf defnyddiol? Eglurwch eich dewisiadau.

7. Fel golygydd papur newydd sy'n ceisio calonogi pobl yn Abertawe, ysgrifennwch bennawd bachog i gyd-fynd â'r tri ffotograff (Ffynonellau A, C ac Dd). Yna penderfynwch ym mha drefn i'w rhoi i gyd-fynd â phrif stori eich papur newydd.

Ehangu Eich Syniadau.

Rydych wedi astudio'r ffynonellau uchod yn fanwl a dylech bellach allu dod i gasgliad ynglyn â sut brofiad oedd byw yn ystod y bomio.
- Trwy saethu syniadau, lluniwch restr o eiriau i ateb y cwestiwn uchod.
- Rhannwch eich syniadau ac ychwanegwch agwrymiadau disgyblion eraill at eich rhestr.
- Lliwiwch a/neu cysylltwch eiriau sy'n perthyn (e.e. bom, malurion, digartref).
- Aildrefnwch eich geiriau allweddol i lunio map meddwl gyda'r cwestiwn yn y canol.
- Defnyddiwch eich map meddwl i baratoi araith, stribed cartwn neu gyflwyniad PowerPoint i ateb y cwestiwn *Sut brofiad oedd byw yn ystod y bomio?*

Asesu Cyfoedion

Cyflwynwch eich darn gorffenedig i gyd-ddisgybl. Gofynnwch iddyn nhw ystyried faint o wybodaeth berthnasol rydych wedi'i chynnwys a pha mor hawdd oedd hi iddyn nhw ddeall eich gwaith. Yna gofynnwch iddyn nhw wneud sylwadau ar ddwy agwedd gadarnhaol a rhoi un awgrym i chi ar gyfer ei wella. Gallech geisio gwneud y gwelliant hwnnw gyda'ch gilydd cyn cyflwyno eich gwaith i'r athro/athrawes.

C CWESTIWN ALLWEDDOL

I ba raddau y cafodd gwahanol ardaloedd o Gymru eu heffeithio gan y bomiau?

Ychydig iawn o ardaloedd yng Nghymru oedd heb deimlo effaith y bomio o gwbl. Mae'r siart isod yn dangos pa effaith gafwyd ar y gwahanol ardaloedd yng Nghymru.

	Wedi eu lladd	**Wedi eu hanafu'n ddrwg**
Abertawe	387	412
Caerdydd	355	502
Casnewydd	51	63
Morgannwg	82	120
Sir Benfro	45	42
Sir Fynwy	25	10
Sir Ddinbych	18	13
Sir Gaerfyrddin	14	13
Sir Gaernarfon	5	14
Sir y Fflint	3	6
Ynys Môn	-	3
Cyfanswm	**985**	**122**

Gall ystadegau gyfrannu'n helaeth at ein dealltwriaeth o'r gorffennol.

- Gwnewch restr o dybiaethau y gellwch eu llunio o'r ffynhonnell hon am y bomio yng Nghymru yn ystod y rhyfel (e.e. cafodd mwy o bobl eu hanafu na'u lladd).
- Pa ffyrdd eraill sydd o gyflwyno'r wybodaeth hon? Yn eich barn chi, pa ffordd fyddai'r fwyaf effeithiol ar gyfer gwerslyfr ysgol?
- Gall y ffigurau ar gyfer y niferoedd a gafodd eu lladd neu eu hanafu yn ystod y bomio amrywio o ffynhonnell i ffynhonnell. Ellwch chi feddwl am reswm dros y gwahaniaethau yn y ffigurau hyn?

Efallai y cafodd eich ardal leol chi ei bomio a gallai hyn fod yn gyfle i chi edrych ar ychydig o hanes lleol.

Beth yw hanes lleol?

Mae hanes lleol yn canolbwyntio ar ddigwyddiadau yn y gymuned leol ac mae hyn yn eich caniatáu i wneud astudiaethau manwl a defnyddio ystod eang o ffynonellau.

Pam mae'n bwysig?

- Mae'n dangos pwysigrwydd hanes wrth lunio'r lle rydych chi'n byw.
- Mae'n datblygu eich dealltwriaeth a'ch cysylltiadau â'r gymuned leol.
- Gallai eich gwaith maes a'ch ymchwil ddateglu tystiolaeth unigryw a gwerthfawr.

Ymchwiliad Hanesyddol

Gofyn ac ateb cwestiynau o bwys, adnabod strategaethau ar gyfer gwneud ymchwiliad hanesyddol a defnyddio ystod o ffynonellau hanesyddol yn annibynnol i ddod i gasgliad rhesymegol

Sut dylwn i fynd ati i ymchwilio?
- Chwiliwch ar y we.
- Ewch i'r llyfrgell leol a gofynnwch i'r llyfrgellydd am help.
- Ewch i'r amgueddfa ac i'r archifau lleol.
- Cysylltwch â chymdeithas hanes leol.
- Trefnwch gyfweliadau gyda phobl o'r adeg honno, neu haneswyr lleol sydd wedi gwneud gwaith ymchwil ar effaith y bomio.
- Ewch am dro; chwiliwch am dystiolaeth fel placiau a gwahanol fathau o adeiladau.

Her Ddysgu

Ymchwiliwch i'r digwyddiadau a'r effaith ar ardal sy'n agos i'ch cartref a gafodd ei bomio.

Casglwch eich holl ddarganfyddiadau ynghyd a'u cyflwyno i'r gymuned leol ar ffurf arddangosfa, llyfr, neu wefan. Gallech anfon eich gwaith at gystadleuaeth hanes leol hefyd.

Cam un – Cynllunio
- Cyn dechrau ymchwilio, meddyliwch am restr o gwestiynau yr hoffech gael ateb iddyn nhw. Defnyddiwch yr offer cwestiynu i'ch helpu. Newidiwch eich cwestiynau a'u gwella wrth i chi gasglu mwy o wybodaeth.
- Meddyliwch sut rydych chi'n mynd i ddod o hyd i'r wybodaeth, e.e. trwy ddefnyddio llyfrgelloedd, y Rhyngrwyd, pobl, mapiau ac adnoddau eraill. Defnyddiwch gymaint o fathau gwahanol o dystiolaeth â phosib.

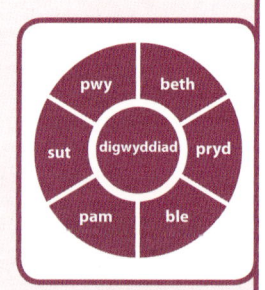

Cam Dau – Datblygu
- Ymchwiliwch i'r dystiolaeth a nodwyd yn eich cynllun. Meddyliwch a ydy'r wybodaeth rydych yn ei darganfod yn help i ateb eich cwestiynau.
- Lluniwch ffordd o gyfleu eich darganfyddiadau, e.e. cyflwyniad PowerPoint, gwefan, rhaglen ddogfen neu drwy wneud llyfryn. Defnyddiwch eich cwestiynau fel canllawiau.

Cam Tri – Myfyrio
- Ystyriwch newid eich cwestiynau gwreiddiol wrth i chi ddarganfod gwybodaeth newydd.
- Meddyliwch am y wybodaeth rydych yn ei darganfod – allech chi ddarganfod mwy o amrywiaeth o ffynhonnell arall?
- Ystyriwch pa mor addysgiadol a diddorol ydy'ch adroddiad terfynol.

  Rhowch farc allan o ddeg i chi'ch hun. Eglurwch y marc drwy roi sylwadau ar eich ymdrech a'ch canlyniadau:

Cynllunio,	/10
Datblygu,	/10
Myfyrio,	/10

  Beth fyddech chi'n ei wneud yn wahanol y tro nesaf? Pam?

▶ **Sut oedd y bomio yng Nghymru yn cymharu â bomio lleoedd eraill?**

Er bod Abertawe a Chaerdydd wedi cael eu bomio'n sylweddol, ni ddioddefodd Cymru i'r fath raddau â lleoedd eraill yn y DG, Ewrop a'r byd. Llundain oedd yr ardal a gafodd ei bomio waethaf yn y DG. Cafodd trefi a dinasoedd fel Lerpwl, Coventry, Belfast, Glasgow a Phortsmouth eu bomio'n ddrwg hefyd.

Roedd y ddwy ochr yn defnyddio bomiau, a dinistriwyd llawer o drefi a dinasoedd. Yn ystod y rhyfel, datblygwyd arfau newydd a mwy pwerus ar y ddwy ochr. Yn 1943 mabwysiadodd y Cynghreiriaid (Prydain, UDA a'r Undeb Sofietaidd) dactegau storm dân. Roedd hyn yn golygu gollwng ffrwydron ffyrnig a miloedd o dunelli o fomiau tân. Yn ninas Hamburg, Yr Almaen, lledaenwyd y tân dros ardal o 5 km gan gorwynt. Defnyddiwyd tactegau tebyg ar Dresden ym mis Chwefror 1945. Ym mis Awst 1945 gollyngodd UDA fomiau atomig ar ddinasoedd Hiroshima a Nagasaki yn Japan.

Dioddefwyr cyrch bomio Dresden

Lleoliad	Nifer y bobl a laddwyd
DG	
Llundain	30,000
Lerpwl	2,400
Birmingham	2,241
Portsmouth	930
Belfast	1,100
Glasgow	1,083
YR ALMAEN	
Hamburg	40,000
Dresden	30,000
JAPAN	
Hiroshima (gan gynnwys y rhai a fu farw hyd at fis Rhagfyr 1945)	140,000
Nagasaki	80,000

Meddwl a Dysgu

1. Beth ydych chi'n ei ddysgu drwy gymharu bomio Cymru (tud 53) â bomio lleoedd eraill yn y DG, Ewrop a'r byd?
2. Sut mae'r ffigurau hyn yn helpu i esbonio pam y mae pobl yn aml yn cyfeirio at y rhyfel fel *Rhyfel y Bobl*?

Ehangu eich Syniadau

Mae'r mater o fomio sifiliaid wedi achosi dadleuon yn y gorffennol a'r presennol. Ymchwiliwch i'r materion isod a cheisiwch ddod i'ch casgliad eich hun.
- Oes modd cyfiawnhau fod y Cynghreiriaid wedi bomio dinasoedd Almaenig?
- Sut wnaeth UDA ddefnyddio'r bom atomig yn erbyn Japan ym mis Awst 1945?
- Sut wnaeth defnyddio'r bom atomig ym mis Awst 1945 newid y byd?

Menywod a gwaith

▶ **Sut newidiodd y rhyfel fywyd gwaith yng Nghymru?**

Astudiwch y lluniau hyn o weithwyr yng Nghymru yn ystod y rhyfel. Beth sydd ganddyn nhw'n gyffredin? Beth ydych chi'n meddwl sydd wedi newid oherwydd y rhyfel?

Gwybodaeth a Dealltwriaeth Hanesyddol

Adnabod nodweddion y sefyllfa a disgrifio, dadansoddi ac egluro patrymau oddi mewn iddi

Cydosod masgiau nwy, Llandudno

Gweithwyr ffatri arfau Lang Pen y tu allan i hen garchar Rhuthun. Roedd y ffatri wedi'i lleoli yn y carchar

Gweithwyr ffatri arfau Pen-y-bont ar Ogwr

Gweithwyr y rheilffordd, Pontypridd

Astudiaeth achos

Menywod a Phropaganda

Daeth cyfleoedd newydd i fenywod yn sgil cychwyn y rhyfel. Cafodd gorfodaeth filwrol i fenywod ei chyflwyno ym mis Rhagfyr 1941 ac fe wnaeth menywod chwarae rhan hanfodol yn yr ymdrech ryfel. Yn ffatri arfau rhyfel Pen-y-bont ar Ogwr, roedd mwyafrif y gweithlu o 37,000 yn fenywod.

Cynhyrchodd y llywodraeth lawer o bosteri a thaflenni i helpu i ddarbwyllo menywod fod yn rhaid iddynt gyfrannu at yr ymdrech ryfel. Mae hyn yn enghraifft o bropaganda.

Propaganda yw ymdrech fwriadol i daenu gwybodaeth er mwyn siapio meddyliau pobl a gwneud iddyn nhw ymddwyn mewn ffordd benodol. Heddiw mae hysbysebion masnachol yn ceisio gwneud hyn i werthu eu nwyddau. Mae'n ddefnyddiol iawn, nid yn unig fel hanesydd, i allu dehongli a dadansoddi negeseuon mewn posteri a hysbysebion ac ystyried pam maen nhw wedi cael eu creu.

Cofiwch am yr offer cwestiynu. Astudiwch y poster isod a sylwch sut mae'r cwestiynau yn ei gwneud hi'n haws i ddeall y negeseuon yn y poster.

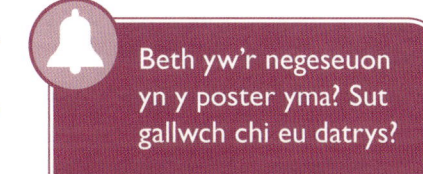

Beth yw'r negeseuon yn y poster yma? Sut gallwch chi eu datrys?

At **bwy** y mae'r poster wedi'i anelu?

Ble a **phryd** y cafodd y poster yma ei ddefnyddio?

Sut mae'r testun yn perswadio menywod i wneud gwaith rhyfel?

Beth mae'r fenyw yn ei wneud yn y llun?

Pam mae dyletswyddau menywod wedi newid?

Meddyliwch: Pam roedd posteri propaganda yn aml yn cael eu hanelu at fenywod? Pam mae hysbysebion heddiw yn aml yn cael eu hanelu at fenywod?

Ehangu Eich Syniadau

Ymchwiliwch i un o'r pynciau isod:

- Pa anawsterau y bu'n rhaid i fenywod eu hwynebu yn ystod y rhyfel?
- Pa gyfleoedd newydd oedd yna i fenywod yn ystod y rhyfel?
- Astudiwch y gwahanol fathau o bosteri propaganda a ddefnyddiwyd yn ystod y rhyfel, e.e. recriwtio milwyr, symud plant, dogni a chloddio am fuddugoliaeth, menywod, blacowt, cadw'n dawel. Pa rai ydych chi'n meddwl gafodd yr effaith fwyaf? Esboniwch eich ateb yn llawn drwy gymharu gwahanol bosteri a defnyddio gwybodaeth arall hefyd.

Newydd-ddyfodiaid

C CWESTIWN ALLWEDDOL

Pa effaith a gafodd y newydd-ddyfodiaid ar draws Cymru yn ystod yr Ail Ryfel Byd?

Gwybodaeth a Dealltwriaeth Hanesyddol

Adnabod nodweddion y cyfnod a'r amrywiaeth o brofiadau oddi mewn iddo

> Mae ar bobl yn aml ofn newid. Pam ydych chi'n meddwl bod hyn yn wir?

Yn ystod y chwyldro diwydiannol roedd Cymru wedi denu llawer o weithwyr mudol, ond yn yr 1930au roedd Cymru yn wynebu colli poblogaeth. Daeth diwedd ar y duedd o bobl yn gadael Cymru yn 1939. Daeth yr Ail Ryfel Byd â dyfodiaid newydd i Gymru, rhai ohonyn nhw i gael gwaith ac eraill oherwydd y diogelwch yr oedd Cymru'n ei gynnig. Daeth diogelu eu hiaith a'u diwylliant yn bryder i lawer o Gymry yn ystod y rhyfel.

Ffynhonnell A

> Prif nod y peiriant propaganda oedd pwysleisio bod Prydain yn gwbl unedig. Bu'r Ail Ryfel, fel y Cyntaf, yn foddion i gryfhau cyhyrau Prydeindod. Yn wir, ofnid na fyddai Cymreictod yn goroesi'r rhyferthwy [storm]. Pryder W.J. Gruffydd … oedd y gallai 'Lloegr ennill y rhyfel a Chymru ei cholli … Bydd dylanwad y [rhyfel hwn] ar ddyfodol Cymru a'r iaith Gymraeg yn anhraethol [llawer iawn] fwy [na dylanwad y rhyfel diwethaf]'. Dyfodiad y noddedigion [faciwîs] a barodd y gofid mwyaf iddo.

Detholiad o *Hanes Cymru* gan John Davies

Y newydd-ddyfodiaid oedd:

- Faciwîs (plant o ardaloedd dinesig oedd wedi cael eu bomio);
- Merched y Tir (merched oedd yn gweithio ar ffermydd);
- Estroniaid wedi'u caethiwo (Eidalwyr ac Almaenwyr yn byw ym Mhrydain);
- Carcharorion rhyfel (milwyr oedd wedi'u dal);
- Bechgyn Bevin (dynion oedd wedi'u gorfodi i weithio fel glowyr);
- Milwyr y Gymanwlad oedd yn gweithio o Gymru;
- Milwyr Americanaidd (wedi Pearl Harbour roedd llawer o filwyr yr Unol Daleithiau wedi'u lleoli yng Nghymru ac yn gorffwys yma).

> **Meddwl a Dysgu**
>
> 1. Pa ffactorau ddaeth â'r bobl hyn i Gymru?
> 2. Beth yw eich dealltwriaeth chi o'r termau Cymreictod a Phrydeindod yn Ffynhonnell A?

▶ **Pa effaith a gafodd milwyr tramor ar gymdeithas Cymru?**

Ffynhonnell B

Milwyr yr Unol Daleithiau yn glanio yn Nociau Caerdydd, 1943

Ymholiad Hanesyddol

Nodi strategaethau ar gyfer ymholiad hanesyddol a defnyddio ystod o ffynonellau hanesyddol yn annibynnol i gyrraedd casgliad

Wedi i'r Japaneaid ymosod ar Pearl Harbour ym mis Rhagfyr 1941, ymunodd yr Unol Daleithiau â'r rhyfel. Roedd llawer o filwyr yr Unol Daleithiau wedi'u lleoli yng Nghymru cyn glaniadau D-Day.

Yn y Fenni, wedi achosion o ymladd rhwng milwyr Americanaidd croenddu a chroenwyn o wersylloedd gwahanol, lluniwyd rheolau tynnach oedd yn eu rhwystro rhag cael seibiant ar yr un noson ac yn eu cyfyngu i ardaloedd gwahanol o'r dref. Roedd yr ymladd yn aml dros ferched lleol.

Roedd pobl yn bryderus am berthnasau amhriodol rhwng milwyr Americanaidd a merched lleol. Roedd Mr Jones yn cofio gweld milwyr Americanaidd yn sir Gaerfyrddin gyda phlant yn gweiddi arnynt "Got any gum, chum?" a'r milwyr yn gweiddi'n ôl "You gotta sister, mister?"

Ffynhonnell C

> … lledodd si ymhlith y plant fod trên … yn yr orsaf ac arno filwyr Americanaidd. Aethon ni i gyd i lawr i'r orsaf a chawson ni losin a gwm cnoi – yr hyn yr oedden nhw'n ei alw'n 'candy'. Dyna'r tro cyntaf erioed imi weld person croenddu.
>
> … Y ffaith nad oedd teledu ac, wrth gwrs, dydy'r radio ddim yn peintio lluniau mewn lliw.
>
> John Pateman, Tredegar, dyfyniad o *The Blackness* gan Angela Triggs o BBC WW2 People's War
> http://www.bbc.co.uk/ww2peopleswar/stories/78/a4182978.shtml

Ffynhonnell Ch

Milwyr Americanaidd o flaen bedd Elihu Yale, mynwent Wrecsam, 1945

Tra bod y milwyr Americanaidd yn rhoi 'candy' i'r plant, roedd y Cymry oedd yn byw ger barics yng nghanolbarth Cymru oedd yn gartref i filwyr o bob rhan o'r Gymanwlad yn cael y pleser o brofi blas sbeisys a bwyd 'Indiaidd' am y tro cyntaf. Yr oedd, fodd bynnag, rhywfaint o ddryswch ynghylch credoau crefyddol gwahanol. Roedd tad Ian Stone yn aelod o Warchodlu Cartref Aberhonddu, a oedd yn ymarfer symudiadau yn erbyn milwyr rheolaidd oedd yn byw yn y barics lleol, mae'n cofio:

Ffynhonnell D

> Yn yr ymarferion hyn, roedd yn rhaid i garcharorion oedd wedi'u dal dynnu eu penwisgoedd. Mewn un ymrafael gyda'r fyddin go iawn … cafodd milwr Indiaidd ei ddal, Sikh ydoedd. Gwybodaeth fylchog yn unig oedd gan ffermwyr sir Frycheiniog am grefyddau dwyreiniol ac roedd y dadlau'n chwyrn pan wnaethon nhw geisio tynnu ei dwrban.
>
> Dyfyniad o *Llandew Home Guard* gan Ian Stone o BBC WW2 People's War,
> http://www.bbc.co.uk/ww2peopleswar/stories/33/a6272633.shtml

Yn ystod yr Ail Ryfel Byd bu 300,000 o Sikhiaid yn gwasanaethu yn y fyddin.

Carcharorion Rhyfel

Roedd llawer o bobl o dras Eidalaidd yn byw yng Nghymru yn 1939, ac roedden nhw'n enwog am redeg Bracchis – siopau neu gaffis Eidalaidd yn llawer o bentrefi glofaol de Cymru. Pan gychwynnodd y rhyfel, ymunodd yr Eidal â'r Almaen, felly cafodd Eidalwyr eu harestio a'u carcharu am y rhyfel ar ei hyd. Cawson nhw eu cymryd yn gyntaf i Ynys Wyth; yn anffodus, rhoddwyd rhai ohonyn nhw ar yr *SS Arandora Star* oedd yn hwylio i Ganada, a gafodd ei tharo â thorpido gan ladd y rhan fwyaf oedd ar ei bwrdd.

Yn ddiweddarach daeth rhai Eidalwyr a gafodd eu caethiwo yn ôl i Gymru fel labrwyr amaethyddol dan orfod. Ymunodd carcharorion rhyfel oedd wedi'u dal â nhw. Bu llawer o garcharorion rhyfel yn gweithio'n galed ochr yn ochr â'r ffermwyr a menywod y fyddin dir i sicrhau bod digon o gyflenwadau bwyd ac i helpu i ffermio tir Cymru.

Y gwersyll carcharorion rhyfel oedd wedi'i leoli yn Island Farm, ger Pen-y-bont ar Ogwr, oedd lleoliad y ddihangfa fwyaf gan garcharorion rhyfel ym Mhrydain. Ym mis Mawrth 1945, dihangodd 67 o garcharorion rhyfel Almaenig drwy gloddio twnnel 60 troedfedd allan o'r gwersyll. Fodd bynnag, cafodd pob un eu dal o fewn diwrnod neu ddau.

Roedd Win Trepte yn aelod o'r Hitler-Jugend a bu'n ymladd ar y ffrynt Rwsiaidd cyn cael ei anfon i Normandie ar 7 Gorffennaf 1944. Cafodd ei ddal gan y Ffiwsilwyr Brenhinol Cymreig a threuliodd yr ychydig flynyddoedd nesaf yn gweithio ar ffermydd o amgylch Machynlleth ac Aberhonddu. Pan orffennodd y rhyfel cafodd y cyfle i ddychwelyd i'r Almaen ond arhosodd yng Nghymru; yn y pen draw, daeth ei fam i fyw gydag ef. Ysgrifennodd y gerdd hon yn Ffynhonnell Dd.

Ffynhonnell Dd

Welsh Adoption

It was not by choice I came to Wales
   As a youth from a different race,
Nor was I inclined to stay and face
   Much time in this foresaken place

As a prisoner of war and twenty one
   Deprived of privilege and the mind undone
Why should I have cared for Bards and Rhyme,
   Loving, dancing, singing or time.

Yet time became the instrument
   To cut that festering sore
Of hate, yes hate and disillusionment
   Was cut right to the core.

In time, I leared to love this land
   Where rivers dance, where mountains stand
Like choirboys in rows and rows
   That sing of Wales in Sunday clothes.

Now, I love the singing of this nation
   The Bards, the poets and their quotations.
Now in fact I am Welsh –
   By choice and inclination.

Win G. Trepte

Meddwl a Dysgu

1. Sut wnaeth milwyr tramor gyfoethogi bywyd pobl yng Nghymru? Defnyddiwch dystiolaeth i egluro eich ateb yn llawn.
2. Beth mae Win Trepte yn ei olygu yn ei ddwy linell olaf – "*Now in fact I'm Welsh, By choice and inclination*"? Beth mae hyn yn ei ddatgelu am fewnfudiad i Gymru yn ystod y rhyfel?

▶ **Pam oedd Bechgyn Bevin yn cael eu trin yn wahanol i gonsgriptiaid eraill?**

Dynion ifanc oedd wedi eu gorfodi i weithio yn y pyllau glo i sicrhau bod digon o lo yn cael ei gynhyrchu oedd Bechgyn Bevin. Daw yr enw 'Bechgyn Bevin' o araith gan Ernest Bevin, a gyhoeddodd yn 1943 "… Mae arnom angen 720,000 o ddynion … Dyma lle byddwch chi'n chwarae eich rhan, **fechgyn**. Fydd ein dynion sy'n ymladd ddim yn gallu cyflawni eu diben os na fydd gennym gyflenwad digonol o lo."

Roedd llawer o ddynion ifanc yn siomedig o ganfod eu bod yn cael eu gorfodi i weithio mewn pwll glo. Er bod diogelwch wedi gwella, roedd cloddio am lo yn dal i fod yn waith caled a pheryglus, ac roedd y diffyg iwnifform yn aml yn golygu eu bod yn cael eu poeni gan yr heddlu am fod yn llwfr.

Ffynhonnell A

> Fy anlwc i oedd gorfod 'gwneud fy rhan' fel glöwr yn hytrach nag fel milwr, morwr neu awyrennwr …
>
> Roedd yn flinderus ac yn boenus iawn, llusgo fy hun ymlaen ar fy ochr … i ollwng y glo roedd Harry [fy 'butty'] wedi cloddio …
>
> Roedden ni'n sgwrio cefnau ein gilydd dan y cawodydd, dan ganu Cwm Rhondda …
>
> Roedd llyfrgell ragorol yn Aberpennar a brynwyd ac y talwyd amdani gyda cheiniogau'r glowyr. Yno y des i'n gyfarwydd gyntaf â llenyddiaeth fodern …
>
> Es i adre am y penwythnos a chael profiad o arf cudd newydd y Natsïaid, y 'Buzz Bomb' … Rwy'n meddwl fy mod i'n falch o ddychwelyd i dde Cymru.

Dyfyniad o *Deep Duffryn* gan hollowaylad o BBC WW2 People's War
http://www.bbc.co.uk/ww2peopleswar/stories/15/a2837315.shtml

Ffynhonnell B

> Cyflawnais f'ymrwymiadau yn ne Cymru, a chwblhau tair blynedd a hanner yno. Chawsom ni ddim tysteb [arian] na dillad dimòb, ac roedd hynny'n anodd wrth ddychwelyd at waith swyddfa.

Ernie Stonestreet

Ffynhonnell C

Grŵp o Fechgyn Bevin ym mhwll glo yr Albion, Cilfynydd, tua 1947

Daliodd Bechgyn Bevin ati i weithio yn y pyllau glo hyd 1948, ond pan ddaethon nhw yn ôl o'u gwasanaeth nid oedd ganddyn nhw'r hawl i ddychwelyd i'r swyddi oedd ganddyn nhw ar ddechrau'r rhyfel, yn wahanol i ddynion eraill oedd wedi bod yn gwasanaethu.

Dim ond yn 1995 y cafodd Bechgyn Bevin eu cydnabod yn llawn am eu gwasanaeth, 50 mlynedd wedi Diwrnod VE, mewn araith gan y Frenhines Elizabeth II, er eu bod wedi helpu i gynnal cyflenwad tanwydd ar gyfer yr ymdrech ryfel ac ailadeiladu diwydiant glo Cymru.

Meddwl a Dysgu

1. Sut fyddech chi wedi teimlo, o bosibl, i gael eich gorfodi i weithio fel un o Fechgyn Bevin? Meddyliwch am agweddau cadarnhaol a negyddol ac eglurwch mor llawn â phosibl.
2. Pam ydych chi'n meddwl bod Bechgyn Bevin wedi cael eu trin yn wahanol i gonsgriptiaid eraill?
3. Beth, yn eich barn chi, fyddai'n ffordd addas o gofio a dathlu cyfraniadau Bechgyn Bevin i Gymru a Phrydain yn ystod yr Ail Ryfel Byd? Cynlluniwch, ysgrifennwch neu grëwch goffadwriaeth iddyn nhw.

▶ Pa gyfraniad wnaeth Byddin Dir y Menywod i Gymru ac i'r ymdrech ryfel?

Galwyd ar fenywod i helpu i ffermio'r tir ledled Prydain er mwyn cynhyrchu cyflenwadau bwyd pwysig. Cafodd llawer ohonyn nhw eu hanfon i weithio yng nghefn gwlad Cymru. Erbyn 1943 roedd 4,300 o Ferched y Tir yn gweithio yng Nghymru, yn dysgu sgiliau newydd, o yrru tractor i odro gwartheg. Roedden nhw'n cael eu talu 32 swllt am wythnos 48 awr, gydag 8 ceiniog am bob awr o oramser. Fe wnaeth byddin y tir helpu i wella cynhyrchu bwyd yng Nghymru gan fod cyfanswm y tir oedd yn cael ei ddefnyddio i dyfu cnydau wedi dyblu rhwng 1939 ac 1944.

Ffynhonnell A

Aelodau o Fyddin Dir y Menywod yng ngogledd Cymru

Er bod y menywod hyn wedi chwarae rhan bwysig yn yr ymdrech ryfel, roedd llawer o wrthwynebiad iddynt hefyd. Roedd rhai dynion yn teimlo na allen nhw ymdopi â natur gorfforol y gwaith. Roedden nhw'n cael eu beirniadu os oeddent yn cymdeithasu gyda milwyr o wersylloedd cyfagos. Roedd arweinwyr crefyddol yng nghefn gwlad yn gwgu ar eu presenoldeb mewn nosweithiau cymdeithasol a dawnsfeydd. Mewn rhai llefydd, gorfodwyd cyrffiw 9 o'r gloch ar y menywod. Roedd rhai Cymry'n anhapus â'r ffaith mai dim ond Saesneg yr oedd llawer ohonyn nhw'n ei siarad. Fodd bynnag, cafodd llawer o Ferched y Tir groeso cynnes gan y bobl leol, fel yr eglurodd Grace Wallace.

Ffynhonnell B

> Y lle cyntaf y cefais fy ngosod oedd mewn hostel bedair milltir tu allan i Aberystwyth. Doeddwn i erioed wedi bod oddi cartref o'r blaen …
>
> Roedd rhai o'r ffermwyr yn meddwl mai'r unig reswm yr oedden ni yno oedd i wneud yr holl waith brwnt nad oedd neb arall yn fodlon ei wneud.
>
> Roeddwn yn yr hostel yna am chwe mis ac fe wnes i lawer o ffrindiau. Roedd y plismon lleol a'i wraig yn arfer ein gwadd ni i mewn i'w cartref gyda'r nos. Fe fues i hyd yn oed yn canu yn eglwys fach y pentre.
>
> Y rhan fwyaf o'r amser roedd yn rhaid inni wneud ein hadloniant ein hunain, ond roedden ni fel arfer yn mynd i'r gwely'n gynnar gan fod y gwaith yn flinedig iawn, ac fe wnaethon ni ganfod cyhyrau na wydden ni erioed eu bod gennym.

Dyfyniad gan Grace Wallace o BBC WW2 People's War

Ffynhonnell C

"Roedd yn rhaid imi wneud rhywbeth defnyddiol at yr ymdrech ryfel, felly fe benderfynodd ffrind a fi ymuno â'r Fyddin Dir … aethon ni i le bendigedig ger Pwllheli o'r enw Castell Madryn … roedd eithaf tipyn o'r bobl yno yn siarad dim ond Cymraeg, felly roedd hynny'n dipyn o sioc … ond roedd hi fel petaen ni'n ymdopi'n iawn.

Doedden ni ddim yn ymwybodol o'r rhyfel mewn gwirionedd … y pethau ofnadwy hynny fel Auschwitz, doedd gynnon ni ddim cliw … fe wnes i ei fwynhau mewn gwirionedd, mae'n rhaid imi ddweud … doedd dim arwyddbyst ac mae'r ffyrdd bach gwledig yma'n gallu bod braidd yn ddryslyd … fe wnes i gwrdd â'm darpar ŵr mewn dawns ac o fewn ychydig fisoedd roedden ni wedi dyweddïo."

Dyfyniad gan Edith Lewis o BBC WW2 People's War

Meddwl a Dysgu

1. Beth oedd y prif feirniadaethau o'r menywod a ymunodd â'r fyddin dir? Beth mae hyn yn ei ddatgelu am agweddau yn ystod y cyfnod hwn?
2. Darllenwch y ffynonellau uchod ac, os oes modd, darganfyddwch fwy o hanesion am fenywod y fyddin dir. Sut wnaeth bod yn y fyddin dir newid bywydau'r menywod a ymunodd?

Her Ddysgu

Trefnwch eich dosbarth i greu gwefan yn dangos yr effaith a gafodd newydd-ddyfodiaid ledled Cymru yn ystod yr Ail Ryfel Byd. Ymchwiliwch i ganfod gwybodaeth am y gwahanol swyddogaethau, effeithiau a storïau a oedd gan y newydd-ddyfodiaid.

Mae angen ichi benderfynu sut i roi'r wybodaeth ynghyd mewn ffordd ddifyr, deniadol ac addysgiadol er mwyn ei rhoi ar y wefan. Gallech gynnwys mapiau rhyngweithiol, clipiau fideo, cyfweliadau a ffotograffau. Rhaid ichi geisio dod i gasgliad ynghylch pa wahaniaeth a wnaeth newydd-ddyfodiaid i Gymru.

Cam Un – Cynllunio

- Byddwch yn glir ynghylch pa bwnc ac ardal o Gymru yr ydych yn ymchwilio iddynt.
- Meddyliwch am ble a sut yr ydych am ddarganfod y wybodaeth sydd ei hangen arnoch.
- Yna meddyliwch am ba gwestiynau yr ydych am eu gofyn, e.e. pwy oedden nhw a pham ddaethon nhw i'ch ardal chi? Pa swyddi oedden nhw'n eu gwneud? Sut gwnaethon nhw ymwneud â'r bobl leol? Ble oedden nhw'n aros? A gafodd pob un ohonyn nhw brofiadau tebyg? Wnaeth unrhyw rai ohonyn nhw aros, neu a ddaeth unrhyw rai ohonyn nhw'n ôl? Pam ydych chi'n meddwl eu bod wedi gwneud hyn?

Cam Dau – Datblygu

- Datblygwch eich atebion gyda rhagor o wybodaeth. Defnyddiwch fanylion, delweddau a mapiau i roi mwy o ddyfnder i'ch atebion.
- Datblygwch ddiwyg y wefan a meddyliwch am sut gallai apelio at wahanol grwpiau oedran, o ddisgyblion ysgol gynradd i bensiynwyr.

Cam Tri – Myfyrio

- Myfyriwch am sut y gwnaethoch gynllunio a datblygu eich her. Gweithiwch gydag aelod arall o'r dosbarth i'ch helpu i wella eich cynlluniau ar gyfer y wefan cyn ichi gwblhau eich her.
- Gwnewch yn siŵr eich bod yn cynnwys crynodeb neu gasgliad am effaith y newydd-ddyfodiaid ar eich ardal leol.

▶ Pa effaith a gafodd y faciwîs ar Gymru?

Cafodd plant eu symud o ddinasoedd oedd mewn perygl o gael eu bomio, fel Llundain, Birmingham a Manceinion. Byddai llawer ohonyn nhw'n treulio'r rhyfel yng Nghymru gyda theuluoedd lletyol. Daeth dros 200,000 i Gymru rhwng 1939 ac 1942.

Ffynhonnell A

Faciwîs o Benbedw (Birkenhead) yn cyrraedd gorsaf drenau y Drenewydd ym mis Medi 1939

- Nid yw'r plant yma'n gwybod: ble maen nhw'n mynd; pryd y byddan nhw'n gweld eu rhieni eto; ble neu gyda phwy y byddan nhw'n cysgu heno. Pam ydych chi'n meddwl nad oes yna unrhyw ffotograffau o faciwîs yn crio?
- Pam y cafodd Cymru ei dewis ar gyfer cynifer o faciwîs? Meddyliwch am o leiaf dri rheswm.
- Pa broblemau fyddai faciwîs yn eu hwynebu yng Nghymru?

Roedd derbyn plant Saesneg eu hiaith yn teimlo fel bygythiad i'r iaith, y diwylliant a'r ffordd o fyw mewn rhai rhannau o Gymru. Roedd yn rhaid perswadio teuluoedd o Loegr hefyd i adael i'w plant fynd at ddieithriaid filltiroedd lawer i ffwrdd.

Fe berswadiodd y llywodraeth rieni a'r teuluoedd oedd yn derbyn y plant gan ddefnyddio llawer o wahanol ddulliau propaganda, gan gynnwys adroddiadau ar ffilmiau newyddion, oedd yn dangos bomiau ac ymosodiadau nwy mewn dinasoedd yn Sbaen, dosbarthu llythyrau gwybodaeth mewn ysgolion, cyrn siarad, pregethau yn yr eglwysi ac erthyglau papur newydd.

Ffynhonnell B

'Roedd merched bach yn crio. Roedden nhw'n gyffrous wedi'r daith, ond roedd hi'n amlwg wedi cael effaith hynod o drawmatig arnyn nhw. Ac fe wnaethom ni eu helpu wrth iddyn nhw ymbalfalu allan o'r trên, gan geisio eu rhoi mewn rhyw fath o linell ac … wrth gwrs, roedd yn rhaid inni glymu rhai o'u careiau ac edrych am rubanau oedd wedi'u colli a'u cysuro'n gyffredinol ac fe fyddai bechgyn bach yn gweiddi, 'Ble mae'r môr, miss?' a merched bach yn gofyn, 'Oes yna unrhyw wartheg?'

Mrs Merton – Atgofion merch yn ei harddegau yn ystod yr Ail Ryfel Byd

Sut wnaeth y faciwîs ddod yn gyfarwydd â bywyd yng Nghymru?

Doedd dim o'r fath beth â phrofiad nodweddiadol ymhlith y faciwîs; roedd yn dibynnu ar y cartrefi yr oedden nhw wedi eu gadael o'u hôl a chroeso'r teuluoedd oedd yn eu derbyn. Roedd rhai faciwîs yn ffodus i gael profiadau cadarnhaol a phleserus, tra bod eraill oedd yn fwy anffodus wedi dioddef yn gorfforol ac yn emosiynol.

Detholiadau o *The Evacuation: the true story* gan Dr. Martin Parsons and Dr. Penny Starns

Ffynhonnell C

Byddai'r menywod yn curo fy chwaer ac roedd llau yn ei chlwyfau. Roedd gan fy mrawd a minnau chwain. Byddai'r menywod yn bygwth fy chwaer y byddai mewn trwbl pe bai'n dweud unrhyw beth wrth fy mam.

Tom Glenister

Ffynhonnell Ch

Daeth hi i fyny'r staer gan ddweud "Ydych chi wedi gwlychu'r gwely?" Dywedais "Nac ydw." Dywedodd hi "Ydych, ac oherwydd hynny ac am fod yn ddrwg a chrio am eich mam, mi roddaf y ci yn eich gwely chi ac fe ewch chi i le'r ci." Daeth â'r ci bach i fyny a thynnu ei goler, ei roi am fy ngwddf i a rhoi'r ci yn y gwely. Rhoddodd y gadwyn am fy ngwddf, yna cydiodd yn y tennyn a'm llusgo i lawr y staer ar fy mhen-ôl gan 'mod i'n gwrthod cerdded. Roedd hi'n oer ac yn wyntog ac aeth hi â mi allan i'r cefn. Rwy'n cofio twll du, sef cwt y ci, a chael fy ngwthio i mewn a'm cadwyno. Cefais fy ngadael yno drwy'r nos, yn sgrechian ac yn crio. Byddai'n gwneud hynny i mi bob tro byddwn i'n gwlychu'r gwely.

Mrs Williams

Ffynhonnell D

Mae'r cymeriadau yn y llyfr *Carrie's War* wedi eu seilio ar brofiadau'r awdures ei hun o gael ei hanfon fel faciwî i Gymru, ond roedden nhw ymhlith y rhai lwcus.

Lle cynnes, diogel, golau. Roedd cegin Hepzibah bob amser felly, ac nid dim ond y noson honno. Roedd dod i mewn iddi fel dod adre ar ddiwrnod milain o oer i dân llachar, byw. Roedd fel arogl cig moch pan oeddech chi'n llwglyd; breichiau cariadus pan oeddech chi'n unig; diogelwch pan oedd ofn arnoch …

Detholiad o *Carrie's War*

Ar ddiwedd y rhyfel dychwelodd llawer o blant adre yn gallu siarad Cymraeg yn rhugl. Dychwelodd rhai i Gymru neu aros yma yn barhaol. Fel Jimmy Ritchie, oedd yn naw oed pan gafodd e a'i frawd Fred eu hanfon fel faciwîs o Lannau Merswy i Gymru ym mis Medi 1939. Dysgodd Jimmy Gymraeg o'r adnodau o'r Beibl yr oedd yn eu darllen yn yr ysgol Sul a thrwy siarad gyda phobl leol. Heddiw mae Jimmy yn ffermio ger Betws-y-coed yng ngogledd Cymru, ac mae'n ystyried ei hun, yn ei eiriau ef, 'yn Gymro'. Pan mae'n gweld ei frawd mae'r ddau'n dal i siarad Cymraeg gyda'i gilydd.

Jimmy Ritchie (chwith) fel faciwî yn ystod y rhyfel a (de) yn ffermwr ym Metws-y-coed heddiw

Cafodd Dennis Barrat brofiad tebyg:

Ffynhonnell Dd

Fe wnaeth fy 'ffrindiau' ddysgu rhai geiriau Cymraeg imi o'r noson gyntaf un (nos da, bore da, ac ati). Roeddwn i'n credu popeth … maen nhw'n dweud fy mod wedi ychwanegu'n helaeth at eirfa'r ciwrad ar un achlysur! Roedden ni'n treulio llawer o'n hamser ar fferm gyfagos (Llwyntywyll) lle roedden ni'n cael godro'r gwartheg ac ati. Tipyn o brofiad i fachgen o'r dref oedd wedi arfer â gweld poteli llaeth yn ymddangos ar stepen y drws! Roedd y cynhaeaf gwair o amgylch y ffermydd yn eithaf profiad, cylffiau mawr o fara a chaws a seidr!

Dennis Barrat

Ffynhonnel E

Yn 1941 cefais fy nanfon fel faciwî i Lanidloes yng Nghymru. Aeth fy chwaer a mi i'r un heol ond gyda theuluoedd gwahanol. Arhosais gyda'r teulu am dair blynedd ac roeddwn i'n hapus iawn gyda nhw. Rwy'n dal i fod mewn cysylltiad â nhw yn awr wedi 60 mlynedd. Roedd fy mam yn drist iawn wrth inni adael, ond i ni blant roedd yn antur fawr ac fe wnaeth y bobl a'n derbyniodd ni edrych ar ein holau yn dda iawn.

Dorothy Williams nee Laithwaite

69

Cafodd y faciwîs y cyfle i ddysgu am fywyd cefn gwlad. Bu'r faciwîs yma oedd yn aros yn Llanidloes yn gwylio'r ocsiwn ddefaid flynyddol a gynhaliwyd yno ym mis Medi 1939.

Ffynhonnell F

Beth oedd canlyniadau symud plant?

Yn yr 1940au ychydig iawn o syniad oedd gan bobl ledled y DG sut beth oedd byw y tu allan i'w hardal leol. Fe newidiodd hynny yn sgil symud plant. Fe helpodd i ledaenu dealltwriaeth o dlodi canol y dinasoedd i ardaloedd gwledig. Daeth hefyd â gwell dealltwriaeth o fywyd yng Nghymru i lawer o Saeson.

Ffynhonnell Ff

Roedd Wilf Davey yn 16 oed ar y pryd ac yn byw yn ne Cymru – mae'n cofio

> Roedd gennym dri faciwî ... Fe ddaethon nhw o Lundain ac roedden nhw'n blant hyfryd. Tua chwe mis yn ddiweddarach roedd eu mam eisiau eu gweld felly fe gafodd ei gwahodd i'n tŷ ni. Yr hyn a ddywedodd hi wrth gyrraedd oedd, "O, rydych chi'n byw mewn tŷ fel ni." Fel llawer o blant eraill, fe ddychwelon nhw i Lundain rai misoedd yn ddiweddarach ac fe gollon ni gysylltiad gyda nhw.

Beth sy'n ddadlennol am y sylw "O, rydych chi'n byw mewn tŷ fel ni"?

Ffynhonnell G

> Mae'r gwacâu sifil a ddechreuodd ar y 1af o Fedi 1939 (ffugenw Operation Pied Piper) yn cynrychioli'r cynnwrf cymdeithasol mwyaf yn hanes Prydain ... i'r rhai hynny oedd yn rhan ohono, roedd symud yn golygu na fyddai eu bywydau fyth yr un fath eto.

Detholiad o *The Evacuation: the true story* gan Dr. Martin Parsons and Dr. Penny Starns

Nid pawb oedd yn meddwl y byddai symud plant yn gwneud lles i Gymru. Siaradodd Saunders Lewis, cyn-lywydd Plaid Cymru, ar ran llawer o genedlaetholwyr pan alwodd symud plant yn 'un o'r bygythiadau mwyaf ofnadwy i barhad ac i fywyd y genedl Gymreig a awgrymwyd erioed mewn hanes'. Fodd bynnag, mae'r hanesydd John Davies yn egluro pam nad felly y bu.

Ffynhonnell Ng

'Ni fu'r noddedigion [faciwîs] yn gymaint o fygythiad i'r Gymraeg ag a ofnid, yn bennaf oherwydd i'w niferoedd fod yn llai o lawer nag a arfaethwyd [bwriadwyd]. Yn y broydd lle roedd brodorion ieuainc yn uniaith Gymraeg, llwyddwyd i gymathu'r newydd-ddyfodiaid yn ebrwydd [dysgu'r iaith iddynt yn gyflym] … Bu llawer o'r noddedigion yn weithgar gydag Urdd Gobaith Cymru …'

Dyfyniad o *Hanes Cymru*, gan John Davies

Mewn rhai ardaloedd daeth Saesneg yn fwy amlwg gyda chyrhaeddiad y faciwîs. Yn Aberystwyth arweiniodd hyn at sefydlu ysgol cyfrwng Cymraeg ar wahân i blant Cymraeg eu hiaith – y gyntaf yng Nghymru.

Meddwl a Dysgu

1. Cwestiynu drwy ffynonellau
    i. Astudiwch Ffynonellau A-E. Gwnewch restr o'r emosiynau yr oedd faciwîs yn eu teimlo wrth deithio i Gymru, wrth gyrraedd yma ac wrth fyw yma. Pam mae eu hemosiynau mor amrywiol?
    ii. Mae gwahanol fathau o dystiolaeth yn ddefnyddiol am wahanol resymau. Defnyddiwch y datganiadau isod ac ychwanegwch eich datganiadau eich hun i gwblhau'r siart yma.

Math o dystiolaeth	Defnyddiol ar gyfer …	Ddim yn ddefnyddiol ar gyfer…
Hanesion personol		
Detholiad o nofel		
Ffotograffau		
Adroddiadau gan haneswyr		

- Rhoi gwybodaeth ffeithiol.
- Canfod beth ddigwyddodd i un person.
- Canfod sut brofiad ydoedd i bawb.
- Rhoi delwedd weledol o fywyd ar y pryd.
- Cynnig cymeriadau lliwgar y gallwn ddysgu gwybodaeth drwyddynt.
- Rhoi trosolwg wedi'i ymchwilio'n dda.
- Cyfleu teimladau ac emosiynau.

iii. Pa ffynhonnell ydych chi'n meddwl fyddai'n fwyaf/lleiaf defnyddiol i'ch galluogi i ateb yr ymholiad yma? Gosodwch y dystiolaeth (A-F) yn nhrefn pa mor ddefnyddiol ydyw a rhowch resymau am eich dewisiadau.

2. Dod i gasgliadau: Pa effaith a gafodd symud plant ar Gymru?
    i. Sut y gwnaeth siaradwyr Cymraeg yn Aberystwyth ymateb i'r bygythiad i'r iaith Gymraeg?
    ii. Yn ôl John Davies, pam na wnaeth symud plant fygwth yr iaith Gymraeg?
    iii. O'r ffynonellau sydd ar gael yma, a yw'n ymddangos bod y faciwîs yn fygythiad i ddiwylliant Cymru? Esboniwch eich ateb drwy gyfeirio at enghreifftiau o'r ffynonellau.
    iv. Pam ydych chi'n meddwl bod Dr Penny Starns yn dadlau bod symud plant wedi cael effeithiau dwfn a hirhoedlog ar Gymru?

Rhai faciwîs arbennig iawn – Cymru a'r Holocost

Yn yr Almaen yn ystod gaeaf 1938, cafodd synagogau eu llosgi, cafodd siopau a chartrefi eu dinistrio a chafodd cymunedau Iddewig eu rhwygo'n ddarnau. Cytunodd Prydain i achub cynifer o blant Iddewig â phosibl. Rhwng Rhagfyr 1938 a chychwyn y rhyfel, teithiodd 10,000 o blant 'kindertransport' i'r Deyrnas Gyfunol. Cafodd rhai eu derbyn gan deuluoedd, rhoddwyd rhai mewn gwersylloedd ac eraill mewn hosteli. Ymgartrefodd 200 ohonyn nhw yng Nghastell Gwrych ger Abergele yng ngogledd Cymru.

Rhai o blant y kindertransport yn ystod eu hamser yng Nghastell Gwrych

Yn 2006, dychwelodd rhai o'r bobl a fu'n byw yno i Gastell Gwrych. Roedden nhw'n cofio sut y bu'r Cymry yn groesawgar ac yn garedig iawn tuag atyn nhw, ac roedd angen hynny'n arw arnyn nhw yn blant. Gan iddyn nhw ddod o awyrgylch ofnadwy yn yr Almaen, roedd yn brofiad gwych cael dod i wlad rydd, ddemocrataidd. Roedden nhw'n cofio sut y bu iddyn nhw gael eu trin fel pobl am y tro cyntaf, yn gyfartal â phawb arall. Cawson nhw fywyd newydd a chyfle i fod yn rhydd, a byddent yn ddiolchgar am byth i'r bobl leol am hynny.

Daeth plant Iddewig i fannau ledled Cymru. Yn ôl Ellen Davies, a gafodd ei gorfodi i symud i Abertawe yn 10 oed er mwyn dianc rhag erledigaeth, penderfynwyd llosgi'r synagog tra roedd pobl yn dal ynddi. Mae'n cofio'r tro olaf iddi weld ei mam a'i thad, a hwythau'n mynd yn llai ac yn llai yn y pellter wrth i'r trên adael yr orsaf yn yr Almaen.

Wnaeth y mwyafrif o blant y kindertransport fyth weld eu rhieni nac unrhyw aelod o'u teuluoedd eto. Ond nhw oedd y rhai ffodus, oherwydd bu farw miliwn a hanner o blant yn yr Holocost.

Gadawodd y newydd-ddyfodiaid eu marc ar Gymru, gyda llawer ohonyn nhw'n aros yma neu'n dychwelyd am lawer o ymweliadau wedi'r rhyfel. Roedden nhw'n rhan o gymdeithas newydd, gyffrous, mwy symudol – cymdeithas oedd wedi cael ei newid am byth gan ddigwyddiadau 1939-45. Fe wnaeth yr Ail Ryfel Byd, yn fwy nag unrhyw ryfel arall, effeithio ar gymysgedd cymdeithasol a bywyd pobl Cymru.

C CWESTIWN ALLWEDDOL

Pa effaith a gafodd y newydd-ddyfodiaid ar draws Cymru yn ystod yr Ail Ryfel Byd?

Gwybodaeth a Dealltwriaeth Hanesyddol

Adnabod nodweddion y cyfnod a'r amrywiaeth o brofiadau oddi mewn iddo

Ehangu Eich Syniadau – dysgu ar sail y gorffennol

Yn aml, mae pobl yn ofni newid. Roedd llawer yn ofni'r newidiadau allai ddod i Gymru yn sgil y newydd-ddyfodiaid. Fel y bu, roedd yr ofnau hynny'n ddiangen. Pa wersi defnyddiol y gallai hyn eu dysgu i ni heddiw?

Adolygu a myfyrio ar eich dysgu am sut newidiodd y rhyfel fywyd yng Nghymru

Fel dosbarth, trafodwch pa rai o'r newidiadau isod fyddai wedi cael yr effaith fwyaf ar eich ardal leol. Pam?

Pa newidiadau oedd yn bennaf yn rhai cadarnhaol a pha rai oedd yn bennaf yn rhai negyddol? Pa rai ydych chi'n meddwl oedd fwyaf diddorol o safbwynt hanes Cymru?

Newydd-ddyfodiaid
Merched y Tir
Bechgyn Bevin
Carcharorion rhyfel
Milwyr o dramor
Faciwîs

Dogni

Bomio

Menywod

Paratoi ar gyfer y Blitz

Cadarnhaol	Negyddol	Diddorol

Crëwch ddarlun i gymharu bywyd cyn y rhyfel ac yn ystod y rhyfel, gan ddefnyddio'r penawdau i'ch arwain.

PENNOD 4

A oedd wir Ysbryd y Blitz yn ystod y rhyfel?

CWESTIWN ALLWEDDOL

A oedd wir Ysbryd y Blitz yn ystod y rhyfel?

Dehongli Hanes

Deall pam mae yna wahanol safbwyntiau am 'Ysbryd y Blitz' a dadansoddi, gwerthuso ac asesu dilysrwydd y dehongliadau

Achosodd y Blitz farwolaeth, difrod a dinistr. A fyddai 'Tristwch y Blitz' yn well enw i ddisgrifio'r cyfnod?

Beth oedd Ysbryd y Blitz?

Efallai eich bod yn gyfarwydd â hanes y Titanic yn suddo yn 1912 a gafodd ei bortreadu yn y gyfres deledu *Titanic* yn 2012; mae'n datgelu cymdeithas Brydeinig oedd wedi'i rhannu'n ddosbarthiadau, gan fod y rhan fwyaf o'r teithwyr dosbarth cyntaf wedi goroesi a'r rhan fwyaf o'r rhai trydydd dosbarth wedi boddi. Yn 1942, ddeng mlynedd ar hugain wedi i'r Titanic suddo, fe gyhoeddwyd adroddiad Beveridge ar sut y dylid ailadeiladu Prydain wedi'r rhyfel. Roedd yn datgan y dylid helpu'r tlodion a chael gwared ar dlodi. Roedd hyn yn gryn newid safbwynt.

Ers cychwyn y rhyfel roedd llawer o wleidyddion a phapurau newydd yn dweud bod y rhyfel wedi dod ag undod newydd i genedl oedd, cyn hynny, yn rhanedig.

Ffynhonnell A

Cynhyrchodd y Weinyddiaeth Wybodaeth ffilm o'r enw *London Can Take It*. Roedd yn datgan, 'Gallaf eich sicrhau, does dim braw, dim ofn, dim anobaith yn Llundain … gall Llundain ymdopi.'

O ble daeth yr undod newydd yma?

Fe wnaeth arweinyddiaeth ac areithiau radio Winston Churchill bwysleisio undod y wlad yn erbyn gelyn cyffredin. Roedd posteri, ffilmiau ac erthyglau papur newydd yn annog pobl i gyd-dynnu yn ystod y rhyfel.

Ffynhonnell B

' Rwy'n gweld y difrod a wnaed gan ymosodiadau'r gelyn, ond rwyf hefyd yn gweld … ysbryd pobl heb eu trechu. '

Prif Weinidog Prydain, Winston Churchill, Mai 1941

Daeth llawer o newidiadau i fywyd ym Mhrydain yn sgil y rhyfel ei hun. Roedd y bomio'n golygu bod cymdogion yn helpu ei gilydd yn ystod ac ar ôl y cyrchoedd. Roedd dogni yn golygu rhannu adnoddau'r wlad yn decach. Roedd symud plant (y faciwîs) yn golygu'n aml bod pobl gefnog cefn gwlad yn gofalu am blant truenus yr ardaloedd dinesig. Daethpwyd i adnabod yr undod hwn, y cydweithio, a phobl yn gwneud eu gorau i fod yn ddewr, fel Ysbryd y Blitz.

Ysbryd y Blitz neu Dristwch y Blitz? Pobl yn ceisio byw eu bywydau fel arfer yn Llundain ar ôl y bomio.

Sut mae Ysbryd y Blitz yn berthnasol heddiw?

Ffynhonnell C

> Mae Ysbryd y Blitz yn dal i chwarae rhan bwysig yng nghof y bobl, a gellid ei ailgynnau i ennyn cefnogaeth y cyhoedd i ddogni carbon.
>
> Yr hanesydd Dr Mark Roodhouse

Heddiw mae profiad y Blitz yn cael ei ddefnyddio gan y llywodraeth a phapurau newydd ar adegau o argyfwng i annog pobl i gyd-dynnu ac i roi gobaith iddyn nhw y byddan nhw'n goroesi'r argyfwng. Dyma rai erthyglau papur newydd diweddar sy'n cyfeirio at Ysbryd y Blitz.

Ffynhonnell Ch

> Mae angen ysbryd y Blitz i wynebu bygythiad newid yn yr hinsawdd
>
> Michael Meacher, *The Guardian*

Ffynhonnell D

> **Bydd ysbryd y Blitz yn ein hachub, medd Gordon Brown**
>
> Bydd Gordon Brown yn dweud yn ei neges Blwyddyn Newydd fod y dirwasgiad yn brawf ar gymeriad y bydd yn rhaid i bobl Prydain ei basio. Bydd Gordon Brown yn datgan yr wythnos yma bod yn rhaid i Brydain ddangos yr un ysbryd a helpodd gyda'r Ail Ryfel Byd er mwyn dod drwy'r dirwasgiad sydd o'n blaenau.
>
> *Daily Mail*

Ai myth oedd Ysbryd y Blitz?

Bron i saith deg mlynedd yn ddiweddarach, mae haneswyr bellach yn adolygu'r dehongliad hwn o awyrgylch y wlad yn ystod y rhyfel ac yn cwestiynu a gafodd cymdeithas Prydain ei huno gan y rhyfel mewn gwirionedd.

Ffynhonnell Dd

'Rhaid bod presenoldeb gelyn cyffredin wedi peri i Brydeinwyr deimlo'n fwy unedig nag erioed o'r blaen, ond gallwn roi gormod o bwyslais ar hyn. Yn sicr ni chafodd gwahaniaethu ar sail dosbarth eu dileu: ac, fel y nododd George Orwell un tro, roedd caledi dogni 'a dweud y lleiaf, yn cael ei leddfu i unrhyw un oedd â mwy na £2,000 y flwyddyn'. Nododd hefyd na allech chi gael swydd bwysig oni bai bod gennych yr acen gywir. Nid yw'r ddelwedd o genedl unedig chwaith yn ystyried y farchnad ddu a ffynnodd yn ystod y rhyfel na'r ysbeilio na'r gyfradd droseddu, a neidiodd yn 1940 ac a arhosodd yn uchel trwy gydol y rhyfel.'

Dyfyniad o *Contemporary Britain 1914-1979*, Robert Pearce (1996)

Ffynhonnell E

Ar ran *Mass Observation*, adroddodd Nina Masel fel hyn ar y cyrchoedd nos mawr a ddechreuodd ar 7 Medi 1940:

'Bu stori gyfan y penwythnos olaf yn un o hysteria heb ei gynllunio … Wrth gwrs mae fersiynau'r wasg o fywyd yn mynd yn ei flaen fel arfer yn yr East End ar y dydd Llun yn wrthun. Doedd dim bara, dim trydan, dim llaeth, dim nwy, dim teleffonau … Mae fersiwn y wasg o bobl yn gwenu yn llawn hwyl a miri yn gamddarlun enbyd. Ni chafodd cyn lleied o hiwmor, chwerthin a chwibanu ei gofnodi ar unrhyw ymchwiliad blaenorol.'

Ffynhonnell F

'Diolch byth, nid yw'r cymariaethau rhwng Blitz adeg y rhyfel a'r bomiau diweddar yn Llundain (Gorffennaf 2005) yn gywir iawn. Efallai fod cyfeiriadau at Ysbryd y Blitz yn gwneud i Lundeinwyr deimlo'n dda, ond maent i raddau helaeth yn seiliedig ar fyth.'

James Heartfield – awdur, darlithydd a sylwebydd modern, Gorffennaf 2005

Meddwl a Dysgu – A oedd wir Ysbryd y Blitz yn ystod y rhyfel?

1. Eglurwch, yn eich geiriau eich hun, beth mae Ysbryd y Blitz yn ei olygu.
2. Rhowch rai enghreifftiau o Ysbryd y Blitz yn ystod y rhyfel o'r bennod yma a gweddill y llyfr.
3. Pam ydych chi'n meddwl y mae'r syniad o fodolaeth Ysbryd y Blitz yn ystod y rhyfel wedi dod yn boblogaidd? Sut a pham wnaeth y llywodraeth annog hyn?
4. Pam ydych chi'n meddwl bod y term yn cael ei ddefnyddio mor aml heddiw?
5. Pa dystiolaeth sydd nad oedd Ysbryd y Blitz? Rhowch rai enghreifftiau o'r bennod yma ac o weddill y llyfr.
6. Ydych chi'n meddwl mai myth yw Ysbryd y Blitz? Esboniwch eich ateb yn llawn.

Ehangu Eich Syniadau

Ar adeg digwyddiad, neu deyrnasiad arweinydd, mae tybiaethau a safbwyntiau yn aml yn cael eu ffurfio'n gyflym iawn, ac weithiau bydd y safbwyntiau yma'n glynu am amser hir wedyn.

- Allwch chi feddwl am gyfnod arall mewn hanes pan ydych chi wedi cwestiynu tybiaethau am y gorffennol?
- Sut, yn eich barn chi, mae'r dehongliadau gwreiddiol yma yn cael eu creu?
- Pam ydych chi'n meddwl eu bod yn glynu am amser mor hir?
- Pam mae'n bwysig cwestiynu tybiaethau am y gorffennol?

Ymholiad Hanesyddol

Nodi strategaethau ar gyfer ymholiad hanesyddol a defnyddio amrywiaeth o ffynonellau hanesyddol yn annibynnol er mwyn cyrraedd casgliad rhesymedig

C CWESTIWN ALLWEDDOL

Ai uno ynteu rhannu Cymru wnaeth yr Ail Ryfel Byd?

Ceir dau ddehongliad gwahanol o ba mor unedig a chadarnhaol oedd pobl yn ystod y rhyfel. Mae'r rhan fwyaf o ffynonellau ynghylch Ysbryd y Blitz yn cyfeirio at fywyd yn Llundain. Cafodd bywydau dydd i ddydd y Cymry eu difetha a'u newid hefyd. Ceisiodd propaganda'r llywodraeth gynnal y safbwynt fod bywyd yn ystod y rhyfel yn mynd yn ei flaen fel arfer, fel arwydd nad oedd y gelyn yn ennill.

Ffynhonnell A

> SIR THOMAS BEECHAM AND THE LONDON PHILHARMONIC ORCHESTRA say: "WE CARRY ON"
>
> DEFINITELY COMING TO CAPITOL THEATRE, CARDIFF, SUNDAY NEXT, 1st OCTOBER, 8.0 p.m.
>
> REDUCED WAR PRICES: 6/6, 4/9, 4/-, 3/-, 2/6, 1/6 (Res.)   1/- (Standing).
>
> BOOK AT GODFREY & CO., LTD., 9, QUEEN ST., CARDIFF.

Bu propaganda'r llywodraeth yn hyrwyddo undod yng Nghymru hefyd. Os oedd pobl Cymru am drechu'r goresgynnwr, yna byddai'n rhaid i'r wlad gyfan fod yn unedig. Felly byddai dynion a menywod, y cyfoethog a'r tlawd, gweithwyr a chyflogwyr, mewnfudwyr a brodorion, a hyd yn oed y plant i gyd yn gweithio gyda'i gilydd yn yr ymdrech ryfel.

Cafodd y cyhoedd yn gyffredinol eu hannog i wneud ymdrechion ar y cyd i godi arian at yr ymdrech ryfel fel y mae Ffynhonnell B yn ei ddangos.

Ffynhonnell B

RADNORSHIRE WARSHIP WEEK
23rd March to 30th March, 1942.

Chairman:
Ald. Col. Sir Chas. Venables-Llewelyn, The Lord Lieutenant of Radnorshire.

Vice-Chairman:
Ald. Capt. E. Aubrey Thomas.

Ex-Officio and Co-opted:
Mr. R. Tench, High-Sheriff.
Mr. G. W. Moseley, Clerk to the County Council.
Mr. A. S. Michael, Chief Constable
Councillor T. P. Davies.
Lady Milford
Col. N. C. Phillips (N.F.U.)
Mrs. Clive Phillips (W.V.S.)
Miss Ormerod (County W.I.)

Representing Districts:
1. Llandrindod Wells
   Messrs A. L. James and H. D. Davies.
2. Knighton Urban and Rural
   Messrs Lancaster, Perfect, Mills and Sibley.
3. Rhayader
   Councillor Evan Morgan,
   Mr. J. E. Price.
4. Presteigne
   Col. C. B. Evans,
   Mr. Crawford.
5. New Radnor
   Mrs. Millyard
   Mr. B. Davies.
6. Painscastle
   Mr. A. Howard,
   Mr. A. A. Bates.
7. Colwyn
   Mr. Waters,
   Mr. Richards.

Regional Commissioner:
Capt. W. A. Worgan.

County Objective £210,000

County Offices,
Llandrindod Wells,
February, 1942.

Our objective for the County Warship Week is the sum of £210,000, and the quota objective for each of the seven districts is as follows:—

1. Llandrindod Wells U.D.C.	.	£60,000
2. Knighton U. & R.D.C.	.	£50,000
3. Rhayader R.D.C.	.	£40,000
4. Presteigne U.D.C.	.	£20,000
5. New Radnor R.D.C.	.	£16,000
6. Painscastle R.D.C.	.	£12,000
7. Colwyn R.D.C.	.	£12,000
Total		**£210,000**

This objective can only be achieved if everyone combines wholeheartedly in the effort. **TEAM WORK IS ESSENTIAL.**

You can show your appreciation of the magnificent work of the Navy and your **WILL TO VICTORY** by **LENDING UNTIL IT HURTS AND LENDING STILL MORE.**

C. VENABLES-LLEWELYN, Chairman.
A. J. MOSELEY } Joint Hon.
J. MOSTYN } Secretaries.

P.S.—See back "How and Where to Invest."

Montgomeryshire!

SEND **YOUR** PLANES TO THE ATTACK

"Wings for Victory" Week
MAY 1st — 8th, 1943

is Your Opportunity.

THE COUNTY'S TARGET OF

£527,000

MEANS

15 BOMBERS and 60 FIGHTERS

to carry the war to your enemies.

Montgomeryshire Must **BUY** Its Wings

Posteri yn annog pobl i gyfrannu tuag at yr ymdrech ryfel

Fodd bynnag, nid oedd pawb yn cydweithio.

Ffynhonnell C

REMANDED ON LOOTING CHARGE

PATRICK O'BRIEN, of Hamilton-street, Cardiff, was charged at Cardiff on Monday with stealing four carpets, stair carpets, a bath robe and a towel, the property of Jack Pitman, from a house in a bombed area of Cardiff.

He was also charged with stealing two pillow cases, toys, two farthings and foreign coins, the property of Queenie Winifred Challenger, from another house, and two metal plaques, a studbox, a string of beads and a wedding cake ornament from the raid-damaged house of Cecilia O'Keefe.

O'Brien was also charged with stealing a book and a woollen scarf, the property of Mary Challenger.

He was remanded until to-day. The magistrates were Mrs. J. T. Richards, Sir William James Thomas, Bt., and Mr. A. W. Hunt.

PENALTIES FOR LOOTING

Mr. Leslie Owen for the prosecution, said the case was taken under the Defence Regulations, which stated that looting could be punishable by death or penal servitude for life.

Mr. Owen said that the windows and doors of Mr. Pitman's house were blown out, and on the morning of January 3 a Mrs. Davies saw a man she would identify as O'Brien leaving the lane carrying a roll of carpet. She asked him what he was doing, and he replied that he was moving out.

A policeman followed O'Brien, who entered another house.

Mr. Owen said that O'Brien had authority to enter one house in order to remove oilcloth and when he was detained he said he had made a mistake and gone into the wrong house. He was detained later by two policemen, and struggled before he could be taken into custody. He then said, "If you hadn't got me now I was on my way to the station and would have been gone."

Western Mail, *Ionawr 1941*

Teimlai rhai pobl fod y Cymry wedi dod allan o'r rhyfel yn fwy rhanedig nag erioed gan fod y bwlch rhwng gweithwyr a chyflogwyr a'r cyfoethog a'r tlawd wedi tyfu hyd yn oed yn fwy.

Dywedwyd wrth y gweithwyr bod yn rhaid iddynt wneud aberth drwy weithio ar benwythnosau a mynd heb eu gwyliau. O 1940 ymlaen datganwyd bod streiciau yn anghyfreithlon, ond rhwng Medi 1939 ac 1944 cafwyd 514 o achosion o atal y gwaith ym meysydd glo de Cymru, y rhan fwyaf ohonynt yn fyr o ran eu hyd.

Roedd y glowyr yn rhoi'r bai am y streiciau ar berchnogion y pyllau oherwydd yr amodau a'r tâl gwael. Fodd bynnag, y glowyr oedd y rhai a gafodd eu cyhuddo o fod yn anwlatgarol.

Ffynhonnell Ch

"Rydym wedi cael pedair blynedd o ryfel ac mae'r dynion yn y cymoedd wedi cael pedair blynedd o'r bywyd mwyaf di-liw a brwnt, gyda dim byd i'w wneud ac unman i fynd heblaw am y gwaith. Rwy'n dweud wrthych, os ydych chi'n anwybyddu'r ffaith fod rhywfaint o ddiflastod, blinder a rhwystredigaeth rhyfel o amgylch ar yr adeg holl bwysig hon, rydych chi'n gwneud camgymeriad."

Cofnodion y Bwrdd Cymodi, 27 Awst 1943

Ffynhonnell D

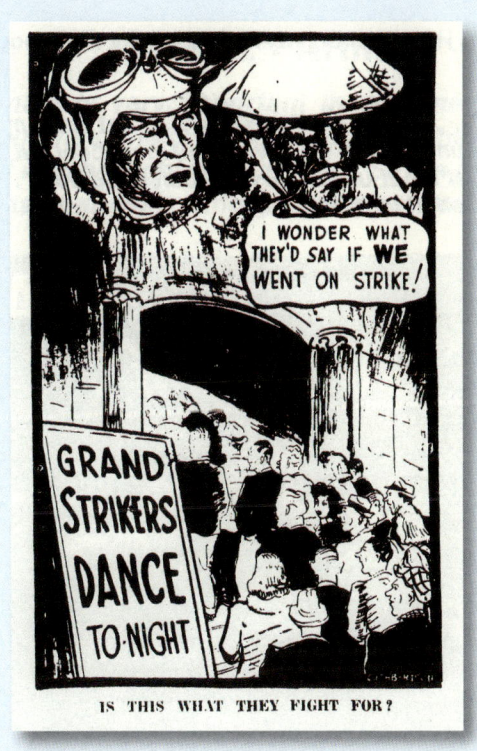

Propaganda gwrth-streicio

C CWESTIWN ALLWEDDOL

Ai uno ynteu rhannu Cymru wnaeth yr Ail Ryfel Byd?

Her Ddysgu

Crëwch drafodaeth i ymdrin â'r cwestiwn yma.
Mae haneswyr yn anghytuno ynghylch undod yng Nghymru yn ystod y rhyfel. Rydych chi'n mynd i ymchwilio, trefnu a dadlau naill ai fod y rhyfel wedi uno Cymru ac wedi creu Ysbryd y Blitz, neu bod Cymru wedi parhau i fod yn rhanedig o safbwynt dosbarth, iaith a daearyddiaeth.

Cam Un – Cynllunio

Gwnewch rywfaint o ymchwil:
- Mewn parau, archwiliwch y dystiolaeth yn yr adran hon. Trefnwch y ffynonellau a'u gosod yn y colofnau hyn.

Ffynhonnell	Tystiolaeth o undod	Tystiolaeth o raniadau
A		
B		
C		
Ch		
D		

81

- Ymunwch â dau bâr arall i ddarganfod tystiolaeth mewn penodau eraill (e.e. Dogni, Gwarchodlu Cartref) i gynorthwyo eich dadl. Gwnewch nodiadau i grynhoi eich darganfyddiadau.

Cam Dau – Datblygu
Crëwch a threfnwch eich dadl:

- Rhannwch y dystiolaeth yr ydych wedi ei chasglu ar ffurf pwyntiau. Fe allai helpu i'w hysgrifennu ar stribedi papur a'u gosod ar ddarn mawr o bapur fel y gallwch eu haildrefnu yn rhwydd.

- Mewn parau, defnyddiwch y pwyntiau hyn i ysgrifennu paragraffau ar gyfer eich araith. Defnyddiwch y fformiwla **pwynt – prawf – perswâd**.

- Ysgrifennwch ddatganiadau cysylltiol rhwng y paragraffau a threfnwch nhw yn rhesymegol.

- Crëwch gymhorthion gweledol i hyrwyddo eich dadleuon, e.e. taflenni, posteri, cyflwyniad PowerPoint.

- Yn olaf, meddyliwch am yr hyn y bydd eich gwrthwynebwyr yn ei ddweud – sut gallwch chi wrthsefyll eu dadleuon?

- Cynhaliwch eich dadl.

Pwynt – un o'ch pwyntiau

Prawf – cefnogwch y pwynt gyda thystiolaeth ffeithiol, dyfyniad neu esboniad mwy cyflawn

Perswâd – eglurwch sut mae hyn yn bwysig yn y ddadl drwy ddefnyddio brawddegau fel 'mae hyn yn dangos bod…'/ 'mae hyn yn creu'r argraff bod…'

Cam Tri – Myfyrio
Rhowch farc rhwng 1 a 5 i chi'ch hun ar gyfer pob pwynt isod (1 = rhagorol; 5 = gwael)

Pa mor dda wnaethoch chi
a) gynnal eich gwaith ymchwil?
b) defnyddio'r wybodaeth a gasglwyd gennych?
c) defnyddio'r ffynonellau hanesyddol?
ch) gweithio ar y cyd?
d) cyflwyno eich dadl?

Beth fyddech chi'n ei wneud yn wahanol i wneud eich ymholiad yn well y tro nesaf?

Adolygu a myfyrio ar eich gwaith dysgu am yr undod a'r rhaniadau yn y wlad yn ystod yr Ail Ryfel Byd.

Dychmygwch eich bod wedi ysgrifennu traethawd rhagorol i ateb y cwestiwn allweddol *Ai uno ynteu rhannu Cymru wnaeth yr Ail Ryfel Byd?* Rydych chi wedi edrych ar y ddwy ochr ac yn awr mae'n rhaid i chi benderfynu ar eich casgliad. Ysgrifennwch baragraff yn esbonio eich penderfyniad ynghylch a ydych chi'n meddwl pa un ai uno ynteu rhannu Cymru'n fwy a wnaeth y rhyfel?

PENNOD 5

Canlyniadau'r Ail Ryfel Byd

▶ **Pam mae'r Ail Ryfel Byd yn arwyddocaol yn hanes Cymru, Prydain a'r byd?**

Mae pennod agoriadol y llyfr hwn yn edrych ar pam y dylen ni gofio'r Ail Ryfel Byd ac mae'n rhoi cipolwg ar ei arwyddocâd. Isod ceir manylion am ganlyniadau yr hyn sy'n aml yn cael ei alw'n 'Rhyfel y Bobl'.

Rydych chi'n mynd i ddadansoddi arwyddocâd y canlyniadau i Gymru, Prydain a'r byd. Lluniwch eich cardiau canlyniadau eich hun drwy ddewis un neu ddau gair allweddol a thynnu llun syml i grynhoi pob un o'r canlyniadau yn y rhestr isod.

> **Gwybodaeth a Dealltwriaeth Hanesyddol**
>
> Disgrifio, dadansoddi ac egluro patrymau a pherthnasau canlyniadau'r rhyfel a gwerthuso arwyddocâd y newidiadau

1 Wedi'r rhyfel dechreuodd yr Ymerodraeth Brydeinig chwalu. Cafodd India ei hannibyniaeth yn 1947.

2 Newidiodd amaethyddiaeth wrth i ffermydd ddefnyddio rhagor o beiriannau yn effeithiol. Roedd incymau ffermwyr a chyflogau gweithwyr fferm wedi cynyddu yn ystod y rhyfel.

3 Gwelwyd gwelliant mewn iechyd wrth i'r llywodraeth Lafur newydd sefydlu'r Gwasanaeth Iechyd Gwladol ac egwyddor Aneurin Bevan y dylai'r wladwriaeth edrych ar ôl ei dinasyddion 'o'r crud i'r bedd'.

4 Nid oedd Prydain mwyach yn gallu cystadlu'n economaidd gyda'r ddau uwch-bŵer, yr Unol Daleithiau a'r Undeb Sofietaidd.

5 Yn sgil y ffatrïoedd arfau roedd gan Gymru bellach weithlu gweithgynhyrchu medrus a ddenodd y diwydiant gweithgynhyrchu (e.e. Hoover) i Gymru wedi'r rhyfel. Daeth hyn yn bwysicach na'r hen ddiwydiannau trwm.

6 Yn 1946 cytunodd y llywodraeth i gyhoeddi adroddiad blynyddol ar faterion Cymru. Roedd hyn ymhell iawn o'r Cynulliad Cenedlaethol, ond roedd yn gam cyntaf pwysig i gydnabod bod gan Gymru faterion ar wahân.

7 Yn ystod y rhyfel, yn Aberystwyth, roedd ysgol cyfrwng Cymraeg breifat wedi'i sefydlu er mwyn diogelu'r iaith Gymraeg. Yn 1948 cafodd yr ysgol cyfrwng Cymraeg gyntaf â nawdd cyhoeddus ei sefydlu yn Llanelli. Mae'r ysgolion hyn yn hynod o boblogaidd heddiw.

8 Chwalodd y gynghrair adeg y rhyfel rhwng yr Unol Daleithiau cyfalafol a'r Undeb Sofietaidd gomiwnyddol yn gyflym, gan arwain at y Rhyfel Oer. Roedd gan yr Unol Daleithiau y bom atomig ac roedd yr Undeb Sofietaidd wedi cymryd rheolaeth dros Ddwyrain Ewrop.

9 Cafodd llawer o bobl o Loegr, ac o weddill y byd, eu cyswllt cyntaf â Chymru a'r diwylliant Cymreig, nid yn unig drwy gyfrwng merched y tir, faciwîs a milwyr tramor a ddaeth i Gymru, ond hefyd wrth i Gymry wasanaethu dramor, gan ledaenu ymwybyddiaeth o Gymru.

10 Roedd y llywodraeth wedi cydnabod pwysigrwydd yr iaith Gymraeg trwy gynhyrchu posteri, taflenni a darllediadau radio propaganda yn Gymraeg i ledaenu gwybodaeth a chynnal undod. Erbyn diwedd y rhyfel roedd radio'r BBC yn darlledu yn Gymraeg am 4 awr yr wythnos o Lundain.

11 Roedd menywod wedi gwneud cyfraniad enfawr i'r ymdrech ryfel, ond daeth y swyddogaeth yma i ben pan ddychwelodd y milwyr adref. Roedd materion megis gofal plant a hawliau ac amodau cyfartal yn golygu ei bod yn anodd i fenywod ddal ati i ddefnyddio eu sgiliau newydd. Roedd llawer o fenywod eisiau goresgyn y materion hyn ac ymgyrchu dros gydraddoldeb.

12 Roedd angen ailadeiladu llawer o drefi a thai ar ôl y rhyfel. Fe wnaeth y galw aruthrol am dai annog adeiladu tai parod (*prefabs*) a thai cyngor. Roedd gan y rhain ystafelloedd ymolchi y tu mewn a dŵr poeth yn llifo o'r tap, ac fe helpodd hyn i wella safonau byw.

13 Roedd diwydiant trwm, megis cloddio am lo ac adeiladu llongau, wedi'i adfywio gan y rhyfel.

14 Enillodd Llafur etholiad 1945 ac aeth ati i gyflwyno newidiadau i Brydain. Enillodd Llafur 25 o'r 36 sedd yng Nghymru ac mae'r Blaid Lafur wedi rheoli gwleidyddiaeth Cymru hyd heddiw.

15 Roedd streiciau'r glowyr yn ystod y rhyfel ac angen y llywodraeth am lo wedi helpu i wella amodau gwaith a thâl i lowyr erbyn diwedd y rhyfel.

16 Roedd mudiadau ieuenctid Cymru megis yr Urdd yn ogystal â'r Sgowtiaid a'r Geidiaid a grwpiau ieuenctid yr eglwysi a'r capeli oll wedi elwa yn sgil polisi'r llywodraeth o annog plant ysgol i ymuno â chlybiau ar ôl ysgol.

Meddwl a Dysgu

Wrth roi trefn ar achosion a chanlyniadau digwyddiad, gall haneswyr ddefnyddio'r categorïau Gwleidyddol, Economaidd a Chymdeithasol a Diwylliannol i'w helpu i drefnu a meddwl am y digwyddiadau. Gall rhai canlyniadau gael eu rhoi mewn dau neu hyd yn oed dri chategori, e.e. mae gwell cyflogau yn ganlyniad economaidd **a** chymdeithasol. Dyma pam y gall diagram Venn fod yn ddefnyddiol i drefnu'r canlyniadau. Defnyddiwch rifau'r canlyniadau i'w rhoi yn y lle cywir ar y diagram Venn.

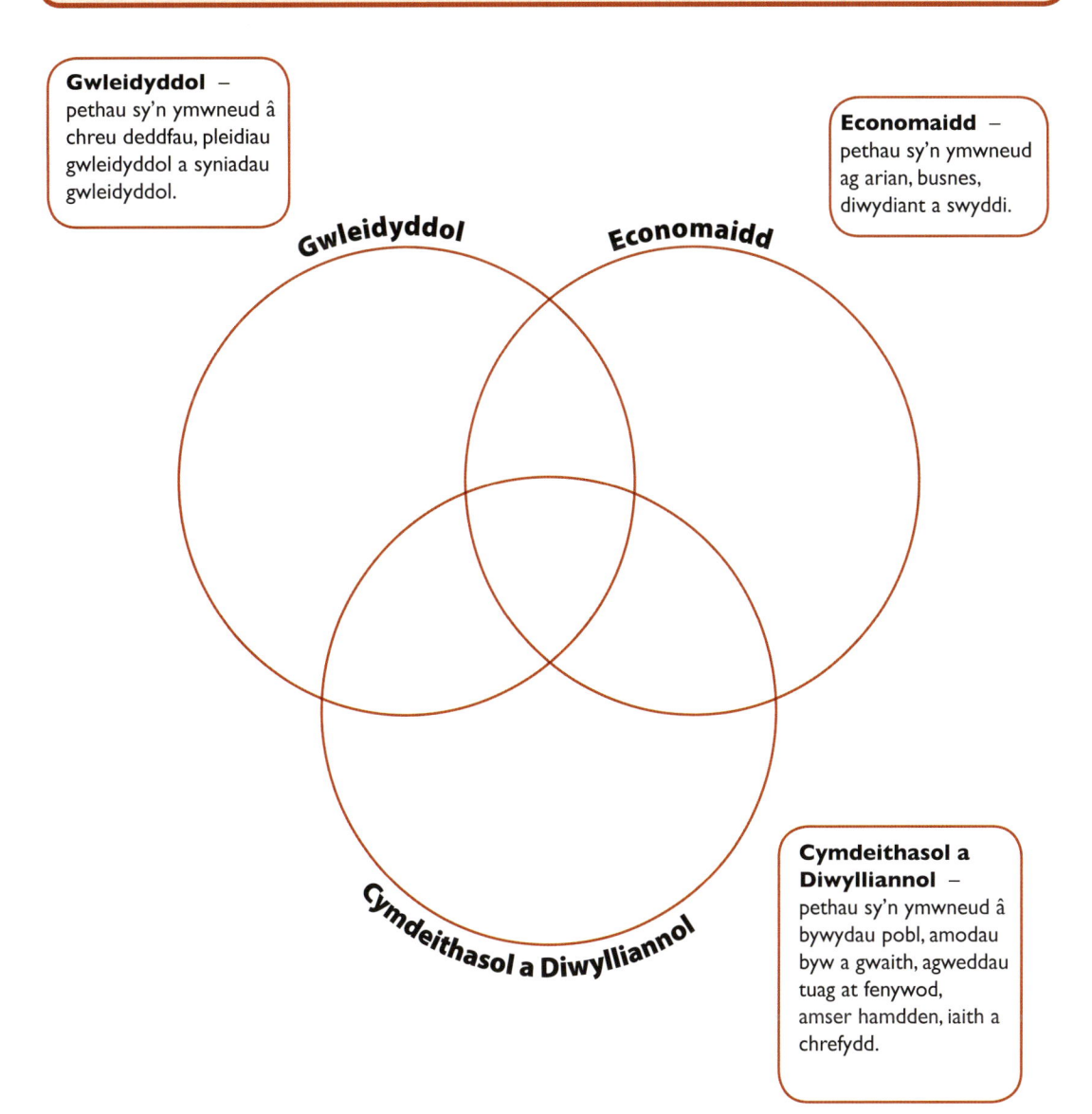

Gwleidyddol – pethau sy'n ymwneud â chreu deddfau, pleidiau gwleidyddol a syniadau gwleidyddol.

Economaidd – pethau sy'n ymwneud ag arian, busnes, diwydiant a swyddi.

Gwleidyddol   *Economaidd*

Cymdeithasol a Diwylliannol

Cymdeithasol a Diwylliannol – pethau sy'n ymwneud â bywydau pobl, amodau byw a gwaith, agweddau tuag at fenywod, amser hamdden, iaith a chrefydd.

Wedi ichi roi'r rhifau yn y diagram, dewiswch dri lliw; defnyddiwch un lliw i liwio'r canlyniadau sydd yn berthnasol i Gymru yn unig, defnyddiwch liw arall ar gyfer y rhai sy'n berthnasol i Brydain Fawr i gyd a'r lliw olaf ar gyfer canlyniadau rhyngwladol/y byd. Efallai y gwelwch fod angen ichi ddefnyddio mwy nag un lliw ar rai digwyddiadau.

C CWESTIWN ALLWEDDOL

Pam mae'r Ail Ryfel Byd yn arwyddocaol yn hanes Cymru, Prydain a'r byd?

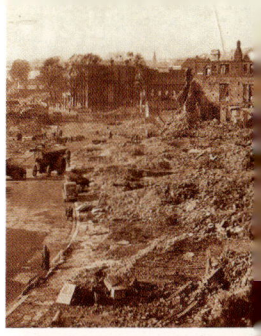

Her Ddysgu

Ysgrifennwch draethawd i ateb y cwestiwn allweddol ar dudalen 85.
Rydych chi wedi meddwl am ganlyniadau'r rhyfel, eu categoreiddio a'u trefnu.
Gallwch yn awr ddilyn un o ddau lwybr: naill ai defnyddiwch y wybodaeth a'r cynllun ysgrifennu isod i ysgrifennu'r traethawd; neu gwnewch fwy o waith ymchwil a threfnu eich ateb traethawd ar eich liwt eich hun.

a) **Cyflwyniad**
   Yn gryno, rhowch wybodaeth gefndirol am y rhyfel ac eglurwch sut rydyn ni'n mesur arwyddocâd mewn hanes.

b) **Prif ran**
   i. Canlyniadau a effeithiodd ar Gymru'n unig
      - Mewn rhai ffyrdd roedd yr Ail Ryfel Byd yn arwyddocaol i economi Cymru oherwydd… (diwydiant, amaethyddiaeth)
      - Gellir hefyd ystyried bod y rhyfel yn arwyddocaol i'r iaith a'r diwylliant Cymraeg… (Urdd, ysgolion, BBC, llywodraeth)
      - Gellid dadlau mai'r canlyniad mwyaf arwyddocaol i Gymru oedd… oherwydd…

   ii. Fe wneth canlyniadau ehangach y rhyfel a effeithiodd ar Brydain ddylanwadu ar fywyd yng Nghymru hefyd.
      - Roedd agweddau pobl wedi newid yn ystod y rhyfel ac arweiniodd hyn at newidiadau gwleidyddol arwyddocaol wedi'r rhyfel… (Llafur, GIG, hawliau menywod)
      - Helpodd canlyniadau economaidd a gwleidyddol y rhyfel i drawsnewid bywydau pobl ym Mhrydain… (swyddi, cyflogau, tlodi, iechyd, tai)
      - Gellid dadlau mai'r canlyniad mwyaf arwyddocaol i Brydain oedd… oherwydd…

   iii. Canlyniadau rhyngwladol i Brydain a'r byd.
      - Roedd safle Prydain yn y byd yn wahanol iawn ar ôl yr Ail Ryfel Byd… (yn economaidd, yr Ymerodraeth)
      - Achosodd yr Ail Ryfel Byd newidiadau arwyddocaol mewn cysylltiadau rhyngwladol… (y Rhyfel Oer, bygythiad niwclear)
      - Gallwn ddadlau mai'r canlyniad mwyaf arwyddocaol i'r byd oedd… oherwydd…

c) **Casgliad**
   Crynhowch eich prif bwyntiau er mwyn ateb y cwestiwn yn uniongyrchol: *Pam mae'r Ail Ryfel Byd yn arwyddocaol yn hanes Cymru, Prydain a'r byd?*

Adolygu a myfyrio ar eich gwaith dysgu am Gymru a'r Ail Ryfel Byd

Dyma'r chwe chwestiwn y dylech fod yn ymwybodol ohonyn nhw wrth astudio hanes yng Nghyfnod Allweddol 3. Mewn parau, trafodwch bob cwestiwn a lluniwch nodiadau cryno i'w hadrodd yn ôl i weddill y dosbarth.

- Pa wybodaeth hanesyddol ydych chi wedi'i chael am y cyfnod yma; sut y gwnaethoch ei chael a beth arall fyddech chi'n hoffi ei wybod?

- Beth oedd y newidiadau allweddol yn y cyfnod yma; pa effaith gafodd y newidiadau yma ar eich ardal leol, Cymru, Prydain a'r byd?
- Beth yw'r gwahanol safbwyntiau am y cyfnod yma? Pam mae yna wahaniaethau mewn safbwyntiau? Pa rai sydd fwyaf dilys yn eich barn chi?
- Pa gysylltiadau pwysig allwch chi eu gweld o fewn y cyfnod yma ac ar draws cyfnodau eraill yr ydych wedi eu hastudio?
- Pa arwyddocâd sydd gan y cyfnod yma mewn hanes ar gyfer ein byd ni heddiw?
- Pa sgiliau hanesyddol ydych chi wedi eu datblygu wrth weithio ar y cyfnod yma? Pa rai fyddech chi'n hoffi eu datblygu ymhellach?